오늘,

믿음으로 산다는 것

오늘,

믿음으로
산다는 것

글·사진 이요셉

규장

눈에 보이지 않는 징검다리를
믿음으로 내딛고

□

"작가님은 이런 인생을 어떻게 선택하게 되었나요?"
"다른 일들을 할 수 있었음에도 특별히 이 길을 가게 된
이유가 있나요?"
나는 이런 질문을 자주 받는다. 질문에 대한 대답은 그리
어렵지 않았다. 재능이 많은 사람들은 여럿 중에 하나를
고를 수 있을지 몰라도, 나는 할 수 있는 것이 별로 없어서
선택의 폭이 좁았다.

내가 할 수 있는 것이 있으면 감사했고, 말씀을 묵상하며
선택한 믿음의 순종들이 있었을 뿐이다. 그 선택이 이어져
오늘의 내가 되었다.

사람들은 만일 시간을 되돌릴 수 있다면 현재와는 다른
선택을 할 것이라고 말하지만, 나는 결코 시간을 되돌리고
싶지 않다. 지금까지 살아온 시간이 누추해 보여도 내게는
무엇과도 바꿀 수 없을 만큼 소중하다. 아픈 경험조차
내일의 밑거름일 뿐 실패가 아닌 것을 알기 때문이다.

조금 더 멋있게 포장할 수도 있겠지만,
"주님이 나를 건져주셨다"라는 표현보다 더 멋진
문장을 찾을 수 없었다. 주님은 아무것도 할 수 없고,
할 자신도 없던 '작고 작은 자'인 내게 매번 작은 불빛을
보여주시며 한 걸음씩 인도하셨다. 여전히 불안하고
위태로운 걸음이 이어지지만 그분의 인도하심만 있다면
나는 감사하다.

□

막 창업한 청년 몇 명을 우연히 만났다. 힘들어하는
그들에게 주님이 주신 마음을 나누었다. 이제 시작해서
모든 것이 두렵고 어려운 그들에게 무슨 말을 할 수
있을까?

몇 가지 현실적인 방안을 말해주었지만, 서로의 처지와 일하는 현장이 달라서 구체적이며 현실적인 노하우를 줄 수는 없었다.

내일을 알지 못하는 두려움과 불확실이 주는 두려움. 이런저런 두려움을 극복하기 위해 여러 방법과 심리적인 대안까지 강구해보지만 어느 것도 우리 마음을 붙들지 못한다.

의도하지 않았지만, 지난 15년 동안 믿음에 기대어 살았다. 당연히 그 시간은 내게 수많은 이야기와 깨달음을 남겼다. 그래서 나는 청년들의 고민에 몇 가지 답을 줄 수 있었다.

미궁 같은 문제를 만나 늪에 빠진 것처럼 허우적거린 적도 많았다. 내가 책임지지 않아도 될 작업과 부채를 짊어지느라 빈혈과 구토 증상까지 생겨날 정도였다.

그만 빠져나와야겠다고 결심했을 때 주님은 내게 끝까지 책임질 것을 말씀하셨다. 순종하며 수개월의 수수께끼 같은 시간을 보냈더니 결코 해결될 것 같지 않던 문제들이 거짓말처럼 풀렸다.

주님은 그 시간을 통해서 고난을 통한 순종을 가르치셨다.
한 문제, 그다음 문제를 풀어가며 매번 두려움이 무엇인지,
믿음이 무엇인지를 배웠다. 무엇보다 그 시간 속에서
주님은 나를 그분의 날개 아래 품어주셨다. 그 안에서 나는
전혀 두렵지 않았다.

안전해 보이는 구역으로 향하고 싶었지만 주님이 가리키는
곳을 향하는 것이 믿음이라고 믿었다. 믿음의 걸음은
안갯속에 가려진 징검다리를 건너는 것과 비슷했다.
믿음으로 한 걸음을 내디디면 보이지 않던 다음 디딤돌이
나타나는 걸 자주 경험했다.

매번 디딤돌이 보이지 않아서 걸음을 뗄 때마다
당황하거나 두려움에 떨었다. 눈에 보이지 않는
징검다리를 믿음으로 내딛고, 소망으로 다음 걸음을
내디뎠을 때 주님은 풍성한 사랑으로 안아주셨다.

사랑에는 두려움이 없습니다.
완전한 사랑은 두려움을 내쫓습니다.

요일 4:18, 새번역

두려움은 내 힘으로 밀어내거나 통제할 수 없다. 그보다
더 큰 무언가로 내쫓을 수 있다. 그것은 바로 믿음과 소망,
완전한 사랑, 곧 주님을 통해 가능하다.

대단한 믿음이라 말할 수 없지만 주님께 가르침 받은
시간을 통해 믿음은 관념이 아니라 현실이며 실제적인
것임을 알게 됐다. 우리가 믿는 믿음의 주인은 관념적인
분이 결코 아니시기 때문이다. 오늘 나를 살게 하시는 분,
예수님을 오늘의 평범한 일상 속에 초대하자.

이요셉

차례

1부 ─ 보이지 않는 믿음

1장

두려움보다 크신
하나님

두려움으로 가득했던 마음이 기대로 가득찼다.
하나님이 내게 작은 지혜를 주시면,
겨자씨만 한 은혜를 주시면,
두려움 대신 감사함으로 살 수 있음을 알았다.

믿어도
아무 변화가 없구나

나는 초등학교에 다니는 동안 제대로 예배나 기도를 드려본
적이 없다. 늦은 밤까지 공을 차거나 친구들과 놀러 다니기 바
빴다. 가끔 우리 집에서 구역예배를 드리는 어른들이 개구리
소리를 내며 눈물로 기도하는 모습을 보았다.

그 모습이 낯설거나 이질적이지는 않았지만, 나를 기도의
자리로 이끌지는 못했다. 주일 예배 시간이면 예배당 장의자
아래를 포복으로 지나다녔고, 주보 끝에 침을 발라 돌돌 말아
서 나팔을 만들기도 했다.

16

내가 태어나기도 전, 부모님은 친척의 보증을 서주어 큰 빚을 떠안았다. 부모님은 채무를 갚기 위해 정육점을 운영하며 열심히 일했다. 나는 옆에서 덩어리째 들어온 고기가 부위별로 해체되는 과정을 지켜보기도 하고, 파리채를 휘두르며 모여드는 파리를 잡기도 했다.

어느 날, 열심히 일하던 어머니가 고기를 분쇄하는 기계에 손을 다쳐 병원에 입원했다. 그때도 나는 간절히 기도했던 것 같지 않다.

교회에서도 특별한 은혜나 감명을 받은 기억이 없다. 초등학교를 졸업하고 중학교에 들어가면서 처음으로 수련회에 참석했다. 모두가 잠든 밤, 낯선 예배실에서 혼자 이불을 뒤집어쓴 채 무릎을 꿇고 기도했다. 간절함은 없었지만 중학생이 되었다는 데 의미를 부여했던 것 같다. 똑같이 흘러가던 시간 속에 그런 분기점이 있어서 다행이었다.

중학생이 된 나는 기도하는 어른들, 찬양하는 선배들의 모습을 보며 막연하게 하나님을 알아야겠다고 생각했다. 주말이면 대구 동성로에 있는 일신기독서점에 들러 찬양 테이프를 구입했고, 《제자입니까》, 《예수님이라면 어떻게 하실까》 같은 책들을 보며 '하나님은 어떤 분이신가. 나는 그리스도인으로서 어떻게 살아야 하는가'를 고민했다.

그러다 어느 순간, 예수님이 내 죄를 대신 짊어지고 죽으셨으니 그분의 공로로 천국에 갈 수 있으며, 그 하나님이 나와 함께하신다는 믿음이 생겼다. 그래서 나는 길가에 떨어진 쓰레기를 줍기 시작했다. '예수님이라면 이렇게 하시지 않았을까' 하는 생각으로.

그런데 아무리 쓰레기를 줍고 또 주워도 한 걸음 앞에는 어김없이 쓰레기가 널려있었다. 하루가 지나고, 이틀이 지나고, 여러 날을 보내도 주변 상황은 변하지 않았다. 그러자 내 안에 하나둘 의문이 쌓였다.

'주님이 기뻐하실 행동을 해도 세상은 변화가 없구나…'

중간고사 기간에 내가 아무리 예수님이 기뻐하실 만한 행동을 하고 기도를 열심히 해도, '겨자씨만 한 믿음만 있으면 큰 산이 들려 바다에 던져질 것'이라고 하신 성경 속 이야기는 남의 이야기였다. 시험 결과는 딱 내가 공부한 만큼만 나왔으니까.

'내 믿음이 약해서 기도가 효험이 없는 걸까?'

나는 더욱 강한 믿음을 갖고자 했고, 의심이 생기려 하면 마음에서 지워내려 애썼다.

두려움은 보다
큰 것으로 밀려난다

하나님을 믿는다는 것은 무엇인가? 나는 하나님이 세상을 만드셨다는 것도 믿었고, 구원에 대한 감사함도 있었다. 예수님을 사랑한다고 생각했지만, 앞으로 살아갈 삶에서 그분이 내게 실제로 해줄 수 있는 건 거의 없어 보였다. 사방을 둘러보니 세상은 약육강식弱肉强食의 질서대로 돌아가는 냉혹한 정글 같았다.

중학교 1학년이 본 세상은 힘을 가진 사람이 승자勝者가 되고, 하나님은 억울하고 답답한 현실에 대해 침묵하시는 것 같았다. 나는 안식처를 찾았고, 두려운 마음을 어떻게든 처리하려 애썼다. 그리고 이신론理神論에 빠져들었다.

하나님이 세상을 만드셨음은 의심할 바 없지만 그 이후에 하나님은 팔짱 끼고 세상을 바라보시기만 할 뿐, 세상은 세상의 힘을 따라 굴러가는 것 같았다. 하나님이 더없이 무능하고 내게 무관심한 분으로 여겨졌다. 그러자 두려움이 엄습했다.

'하나님이 나를 도와주시지 않는다면 내 힘으로 살아가야 하는데…. 어떻게 살지?'

나는 고민하다가 일찍 장래희망을 정해버렸다.

'그래, 교사가 되어야겠다.'

교사로서의 대단한 비전이나 사명감은 없었지만, 안정적이고 보람도 있을 거라고 생각했다. 게다가 방학 동안 합법적으로 쉴 수 있는 것이 가장 마음에 들었다.

교사가 되겠다고 마음먹자 더 이상 두렵지 않았다. 두려움은 그보다 큰 것을 가져오면 밀려난다. 교사의 꿈을 갖자 '어떻게 살아갈 것인가' 하는 두려움이 옅어지는 것 같았다.

많은 사람들은 제각기 두려움을 갖고 있다. 만일 두려움을 느끼는 사람에게 1억 원을 주면, 그는 돈으로 두려움을 어느 정도 해결할 수 있을 것이다.

그만큼 대출 상환금을 지불하고, 더 넓은 집으로 이사하고, 학교에 진학하고, 생계 문제나 어려움을 해결하고, 꿈을 이루는 데 보탤 수도 있다. 우리는 경험을 통해 돈만큼의 두려움을 없앨 수 있다고 믿는다. 돈의 권위나 권세를 인정하는 것이다.

하지만 예수님을 "내 주님"이라고 부르면서도 그분에게는 10만 원어치의 권세도 드리지 않는다. 나 역시 예수님을 사랑했지만 그분이 내 두려움을 해결하실 수 있다고 생각하지 않았다.

그래도 교사가 되면 어느 정도 해결할 수 있을 것 같았다. 내 학창시절은 또래에 비해 그리 어렵지 않았다. 고향을 떠나고 싶지 않았기에 교사가 될 수 있는 점수만 적당히 유지하면서 학창시절이 끝나기를 바랐다.

그런데 수능시험을 치르는 날, 마지막 외국어 영역 시험에서 답을 밀려 쓴 답안지를 제출하고 말았다. 나는 상실감과 허탈감으로 일주일이 넘도록 혼자 여행을 다녔다. 집을 나간 날은 공교롭게도 내 생일이었다.

그러면서 인생이 내 마음대로 살아지지 않고, 피하고 싶어도 피할 수 없음을 깨달았다. 나는 원하지 않는 대학과 전공을 선택해야만 했고, 한 학기를 마치고 방학 동안 긴 여행을 다니며 생각했다.

'이러다가 평생 후회하며 살지 않을까? 그러느니 다시 시작하는 게 좋겠다.'

여행에서 돌아온 날, 부모님에게 허락을 구하고 자퇴했다. 그리고 고시원에 들어가서 수능시험을 다시 준비했다.

나는
살아갈 수는 있을까?

수능을 치르고 교육대학교에 응시했다. 논술과 면접시험, 음감 검사까지 마치고, 마지막으로 신체검사를 했다. 키와 몸무게를 재고, 시력과 청력 검사를 마치자 마지막 검사가 기다리고 있었다. 색약·색맹 검사였다.

종이 몇 장을 넘기는 시험에서 나는 불합격 통지를 받고 집으로 돌아왔다. 어머니가 "왜 그랬니?"라고 물었지만 나는 딱히 할 말이 없었다. 색약 판정을 받지 않을 요령이 없었기 때문이다.

어머니는 형과 내가 어릴 적에 색약이라는 사실을 알고 고쳐보려고 갖은 애를 썼다. 얼굴에 정기적으로 자극을 주는 전자키트로 색약을 고칠 수 있다고 해서 적잖은 비용을 들이기도 했다. 일주일에 한두 번, 반년이 넘는 기간 동안 얼굴이 따끔거릴 정도로 열심히 치료를 받았지만 소용이 없었다(후에 그 치료사는 사기꾼으로 밝혀져 신문에 실렸다).

학교에 다니며 색약은 유전자 때문이며 훈련이나 치료로 고칠 수 없음도 알았지만, 이로 인해 선생님이 될 수 없을 거라고는 생각지도 못했다.

다시 원치 않는 대학과 전공을 선택하여 학교에 다녔다. 그러자 밀쳐놓았던 인생의 두려움이 마음의 중심을 차지하기 시작했다. 그즈음 부모님은 새로운 사업을 하면서 재정적 안정을 되찾았으나 IMF가 터지면서 다시 힘든 시절을 맞았다.

그래서 나는 1학년을 마치고 군대에 입대했다. 군 생활 중에 들으니, 학교 친구들이 당시 유행하던 투자상담사 자격증을 공부한다기에 틈틈이 공부해서 자격증도 취득했다. 살아가는 것에 대한 고민은 학생일 때도, 군인일 때도 여전했다.

제대하고 다시 복학했다. 막연하게 고민하던 인생의 두려움이 조금씩 무게를 더해가며 나를 짓눌렀다.

'어떻게 살아가지? 살아갈 수는 있을까?'

예수님을 사랑하지만
내가 할 수 있는 것은 없구나

그 사이 나는 더욱 예수님을 사랑하게 되었다. 물론 내 생활 속에 부족함과 부끄러움이 가득했지만 그분에 대한 사랑은 진심이었다.

고등학교 때 학원에 다닌 적이 있었다. 당시 신입생이 들어오면 신고식으로 노래를 부르게 했는데, 나도 예외가 아니었다. 사람들의 박수 소리에 맞춰 나는 이성균의 〈골목길 걸을 때〉를 불렀다.

한 걸음 두 걸음 골목길 걸을 때
들려오는 찬양 소리에
어깨를 흔들며 밤하늘 보면은
우리 주님 네온 십자가…
나는 예수님이 정말로 좋아요

사람들이 묘한 표정으로 쳐다보았지만 나는 부끄럽지 않았다. 그만큼 예수님을 사랑하는 내 마음을 고백하고 싶었다. 그러나 예수님을 사랑하면서도 살아가는 것은 여전히 너무 두려웠다.

대학에 다니는 동안 작은 고시원에서 생활했다. 1평 조금 넘는 공간은 철제 책상과 간이침대만으로도 꽉 찼다. 고시원에서 나오면 학교 뒷문으로 들어가는 길목에 작은 교회가 있었다. 장의자가 세 개 정도 놓인 아주 작은 교회의 여닫이문은 항상 열려있었다. 나는 교회 구석에 앉아서 한 시간이 넘도록 기도했다.

'주님, 이런 나를 사용하실 수 있겠습니까? 그렇다면 한번 사용해보세요.'

예수님을 사랑했지만 내가 할 수 있는 것이 아무것도 없어 보였다. 하나님도 나를 사용하실 수 없을 것 같은 무력한 느낌이었다. 그래서일까? 나는 인생의 많은 시간을 허비했다. 하지만 그 시간들은 내게 인생이 얼마나 공허한지를 알게 해주었다.

즐겁고 재밌었다고 말할 수도 있겠지만 시간이 조금만 흐르면 손바닥 위의 모래처럼 흘러내려 아무것도 잡히는 것 없이 사라졌다.

'이 허무한 시간이 빨리 흘러버렸으면….'

나는
여전히 막막합니다

예수님을 사랑하면 주님은 우리 가운데 말씀하신다. 성경 말씀을 통해, 혹은 예배를 드리면서 성령님이 마음을 두드리실 때가 있다.

'이렇게 살면 안 되겠구나.'

'말씀을 좀 읽어야겠어.'

'내 기도가 부족했구나.'

'이제는 그 친구를 용서해야지.'

나 스스로는 절대 하지 못할 거룩한 생각들이 쏟아져 나올 때가 있다. 주님은 내가 어떻게 살아야 하는지도 말씀하셨다. 나는 주님이 주신 마음을 따라 잘 살고 싶었다.

그런데 정말로 잘 사는 것은 무엇일까? 사람들이 춤에 탁월한 재능이 있는 사람에게 춤을 잘 춘다고 하고, 잘 노는 친구를 보고 아주 잘 논다고 평하는 것처럼 주님이 주신 마음을 따라 잘 사는 길이 있다고 믿었다.

이 마음을 선배와 동료, 어른들에게 말하자 하나같이 비슷한 반응을 보였다.

"그것은 너무 이상적인 이야기야."

"네가 아직 인생을 덜 살아서 그래."

"하나님이 주신 마음으로 살다가는 세상이라는 커다란 거인에게 밟혀 죽기 십상이야."

나는 그저 고개를 끄덕일 수밖에 없었다. 하나님이 주신 마음을 따라 살면 세상이라는 거인이 나를 가만두지 않을 거라는 생각에 동의가 되었기에.

여느 때처럼 대학 도서관에서 성경을 읽고 있는데 익숙한 말씀이 내 마음을 두드렸다.

하나님은 이스라엘 백성들에게 가나안 땅을 주겠다고 말씀하셨고, 그 약속을 긴 시간 동안 실행해 나가셨다. 이스라엘 백성들은 두려운 마음에 12명의 정탐꾼을 보내 40일 동안 그 땅을 정탐하게 했다. 10명이 이스라엘 무리에게 말했다.

"하나님이 말씀하신 대로 그 땅은 젖과 꿀이 흐르는 땅이 맞습니다. 하지만 그 땅의 거민은 전투력이 너무 강해요. 그들에 비하면 우리는 메뚜기 떼 같습니다."

하나님이 주신 마음으로 잘 살고 싶어서 고민할 때 수없이 들었던 말과 닮아있었다. 하나님이 우리 가운데 계시면서 분명히 말씀하셨지만 그 말씀대로 살아가기에 세상의 전투력은 너무 세다.

나는 학벌이 대단하지도, 재산이 많지도, 인적 자원이 풍성하지도 외모가 뛰어나지도 않았다. 그래서 주님의 마음으로 세상을 살면 세상이라는 거인에게 벌레처럼 밟혀버릴 것 같았다.

그런데 정탐꾼 중에서 2명, 여호수아와 갈렙은 말했다.

"그들의 말이 맞습니다. 하지만 하나님이 기뻐하시면 그들은 우리의 밥이 될 것입니다."

10명의 정탐꾼이 상황과 문제를 잘못 본 게 아니었다. 모두 같은 지점을 보았지만 너무나 다른 평가를 했다. 가나안의 전투력을 제대로 파악했음에도 상반된 대답을 내놓았다.

10명은 세상의 기준과 자신을 비교했다. 세상의 기준 앞에 내가 이길 확률과 패배할 확률을 따져 물었다(물론 이런 고민이 필요하다). 하지만 여호수아와 갈렙은 하나님의 기준으로 세상을 보았다.

하나님은 누구신가? 성경의 첫 장에서 설명하고 있다. 그분은 말씀으로 하늘과 땅, 꽃과 나무를 만드셨으며 우리도 만드셨다. 모든 것을 만드신 분이다.

하나님이 누구신가? 우리가 두려워하는 모든 문제점과 한계를 '열방'이라는 하나의 단어에 포함해보자. 성경은 이 모든 열방이 하나님께는 통의 한 방울 물과 같다고 말씀한다.

보라 그에게는 열방이 통의 한 방울 물과 같고
저울의 작은 티끌 같으며 섬들은 떠오르는 먼지 같으리니
사 40:15

하나님이 누구신가? 문제가 내게 두려움을 갖게 만들지만
하나님은 어떤 문제보다 크신 분이다. 그분이 얼마나 크신 분
인가를 상상할 수 있다면, 내가 가진 두려움은 그보다 크신 분
앞에서 무력해진다.

그러나 나는 하나님이 문제보다 크신 분이라는 것을 알면
서도 여전히 무엇을 어떻게 해나가야 할지 막막하기만 했다.

어느 날 수업 시간에 노트 필기를 하려는데, 내 머릿속에
작은 지혜 하나가 들어오는 것이 느껴졌다. 정말 작고 작은 지
혜가 내 머릿속을 빠르게 움직이는 것 같았다.

필기하려던 노트의 여백에 그 생각을 마구 적었다. 수업을
마치고 교수님이 강의실을 나가자 어느 정도 진정이 되었다.
한 시간이 마치 하루처럼 느껴졌다. 나는 흥분된 마음으로 결
심했다.

'벤처(사업)를 해야겠다.'

내 머릿속 아이디어만으로는 사업을 꾸려나가기 어렵다는 생각에 준비만 하고 실행에 옮기지 않았다. 그러나 하나님이 내게 작은 지혜 하나를 넣어주시면 나는 살 수 있음을 분명히 알았다.

한 시간 전후, 그 짧은 시간 동안 문제와 환경은 하나도 변한 게 없지만 쿵쾅거리는 심장을 진정시켜야 할 만큼 희망으로 꿈꾸었다. 두려움으로 가득했던 마음이 기대로 가득 찼다. 하나님이 내게 작은 지혜를 주시면, 겨자씨만 한 은혜를 주시면 두려움 대신 감사함으로 살 수 있음을 알았다.

2장

말씀 위의

삶

내가 드린 기도에 하나님이 응답하실 이유와
일상 속에서 그분을 만날 수 있는 비결은,
바로 주님의 약속에 열쇠가 있다.
주님이 성경에서 말씀하신 약속 위에
우리의 삶을 올려놓으면 된다.

하나님을 일상에서
만나고 싶습니다

하나님이 크신 분이라면 나는 그분을 일상 속에서 만나고 싶었다. 교회에서 청년부 임원생활을 하고, 많은 믿음의 선배들을 만나면서 끊임없이 생기는 질문이 있었다.

함께 예배하며 찬양했고, 주님의 은혜를 나누며 기뻐하고 눈물 흘렸던 시간이 있었음에도, 그들이 직장에 들어가고 결혼을 하면 하나님이 없는 것처럼 살아가는 것을 많이 보았다. 누구보다 신실했던 친구가 취업 후 반년도 되지 않아 교회를 떠났고, 함께 임원으로 섬기던 친구가 무신론자가 되기도 했다. 만일 하나님이 정말 크신 분이라면 일상에서 만나야 하지 않을까? 우리는 교회가 아닌 일상에서 수많은 시간을 산다. 그런데 하나님을 만나는 순간이 교회에 한정된다면, 컨퍼런스나 집회, 수련회에서만 주님을 만나고 일상 속에서는 만나지 못한다면 다시 내 힘으로 살아야 한다.

하나님과 관계없이 내 힘으로 살아간다는 것, 인생을 내가 책임지는 것은 얼마나 두려운 일인가?

'하나님을 일상에서 만나고 싶습니다.'

내가 기도하자 하나님은 그럴 수 있다고 말씀하셨다. 만약 하나님이 내가 드린 기도에 응답하셔야 한다면 그 이유를 어디서 찾을 수 있을까? 그분은 내 아버지이며, 아버지는 자녀의 기도를 외면하지 않으시기 때문이다. 성경의 전반에서 그것을 말씀하신다.

하지만 이런 관계적인 조건을 빼고도 내게 응답하셔야 할 이유가 있을까? 하나님이 침묵하셔도 우리는 마땅히 할 말이 없지 않을까? 내 기도에 응답하셔야 할 이유를 찾아보면, 그분을 만나는 길을 찾을 수 있지 않을까?

말씀은 하나님의 약속이다. "약속"이라는 말은 '지킨다'라는 뜻을 품고 있다. 하나님은 믿음의 조상 아브라함과 언약을 맺을 당시, 해가 져서 어두울 때에 타는 횃불의 형상으로 쪼갠 고기 사이를 지나가셨다.

약속의 당사자들이 짐승을 죽여 반으로 쪼갠 후에 한 사람씩 그 사이를 지나가는 것이 고대 근동의 언약체결 방식이었다.

'내가 너와 약속을 맺는데, 이 약속을 어길 경우에는 저 쪼개진 짐승처럼 너도 쪼개질 것이다.'

그것은 목숨을 걸고 반드시 지켜야 하는 약속이라는 말과 같다. 그런데 하나님께서 아브라함과 약속을 맺으시면서 하나님 당신이 그 사이를 지나가셨다. 이 장면은 곧 '내가 너와 맺은 약속을 내가 반드시 이루겠다'라는 의미이다.

내가 드린 기도에 하나님이 응답하실 이유와 일상 속에서 그분을 만날 수 있는 비결은, 바로 주님의 약속에 열쇠가 있다. 주님이 성경에서 말씀하신 약속 위에 우리의 삶을 올려놓으면 된다.

하나님은 성경 전반에 걸쳐 우리에게 많은 약속을 하셨다. 주기도문만 보아도 하나님은 우리 아버지이시며, 주님의 뜻이 하늘에서 이루어진 것같이 땅에서도 이루어질 것을 말씀하신다. 주님은 일용할 양식과 용서에 대해서도 말씀하신다.

그것은 대단히 멀리 있거나 우리가 순종할 엄두도 내지 못할 만한 것이 아니다. 주님은 우리가 장성한 분량에까지 자라나기를 원하시지만 처음부터 지레 겁을 먹을 만큼의 순종을 요구하지는 않으신다. 우리가 할 수 있는 분량만큼 이끄신다.

아, 하나님은
신뢰할 만한 분이시구나

나는 청년 시절 수련회에서 기도하다가 도중에 멈추곤 했다. 그것도 조금만 더 기도하면 주님을 만날 것 같은 순간에…. 주변에서 뜨겁게 기도하는 소리를 들으면서 상대적으로 급격히 식어가는 내 마음 상태에 허탈해했다.

주님이 내게 무엇을 말씀하실지 두려웠기 때문이다. 주님의 음성을 듣지 않았다면 책임이 없겠지만 주님이 말씀하신 후에 순종하지 않는 것은 명백한 불순종이라고 생각했다.

'주님이 원하시면 무엇이든 하겠습니다.'

이 기도에 주님이 이렇게 말씀하실까 봐 겁이 났다.

'그래, 그렇단 말이지? 당장 중동 지역에 선교사로 떠나라.'

'지금 네 옆에 있는 자매와 결혼해라.'

'군대에 입대해라.'

그래서 생각했다.

'내가 책임질 수 있는 능력과 자격을 갖춘 후에 비밀의 문을 여는 게 좋지 않을까?'

나는 기도를 멈추고, 주님을 깊이 만나는 것을 다음으로 미루었다. 그때까지 하나님을 철저하게 오해했다. 하나님을 알면 알수록 그때 기도를 멈춘 이유가 '하나님을 알지 못했기'

때문임을 깨닫는다. 하나님은 나를 비인격적으로 내모시는 분이 아니다. 그분은 나를 기다려주시고, 내게 동의를 구하신다.

하나님은 크고 대단한 시험을 하시며 '나와 사귀자'라고 말씀하지 않으셨다. 아주 작고 소소한 일상의 사귐을 통해 먼저 당신이 어떤 분인지를 알게 하셨다. 내가 '아, 이분은 신뢰할 만한 분이구나'라고 느낄 수 있도록.

나는 누군가와 약속을 한 후 상대방이 제시간에 오지 않으면 언제까지 기다려야 할지, 언제 일어나야 예의에 어긋나지 않을지를 고민했다. 그런데 코스타KOSTA 강의차 러시아를 방문했을 때 흥미로운 사실을 알았다.

그곳에는 "15분까지 기다려도 상대가 오지 않으면 일어나도 괜찮다"라는 암묵적인 규칙이 있다고 했다. 만일 사랑하는 사람과 약속을 했는데 일이 생겨서 약속 장소에 가지 못했다고 가정하자. 그럼에도 상대가 계속 기다린다면 그 이유를 이렇게 설명할 수 있을 것이다.

'내가 그 사람을 아는데, 그는 반드시 올 사람이야. 사정이 있어서 늦을 뿐이지 꼭 올 거야.'

모르는 사람은 기다리지 않지만 사귀어서 아는 사람은 신뢰하기에 기다릴 수 있다. 마찬가지로 하나님을 의지할 수 있는 이유는 그분과의 사귐이 있기 때문이다. 그래서 나도 그분께 물으며 기다릴 수 있었고, 내가 고집했던 가치관과 틀을 조금씩 내려놓을 수 있었다.

사랑하고 또 사랑하게 되면 도리어 주님께 기대 가득한 음성으로 묻게 된다.

'주님, 다음은 뭐죠?'

'내가 순종할 수 있을 것인가'는 나중 문제이고, 먼저 주님이 내게 무엇을 원하시는지 물어보았다면 어땠을까? 만일 주님이 말씀하신다면 그분은 내게 순종할 마음뿐 아니라 책임질 수 있는 능력과 자격도 주실 것이기 때문이다.

드라마 속 사랑에 익숙해지면 연애하는 상대에게서 헛된 것을 기대한다. 드라마에서 본 두근거림을 느끼지 못하거나 감동적인 상황이나 명대사가 전달되지 않으면 마치 사랑이 아닌 것처럼 생각한다. 하지만 드라마의 사랑은 여러 작가들이 힘을 모은 스토리에 감정선을 만지는 음악과 연출, 배우의 비주얼이 만들어낸 가상의 한 단면일 뿐이다.

우리의 일상이 날마다 즐겁고 행복한 순간으로 가득할 거라고 믿으면 그렇지 않은 날은 불행하거나 잊고 싶은 날이 된다. 하지만 기본적으로 인생은 고해苦海와 같다는 인식을 갖는다면 아무것도 아닌 날도 기쁘고 즐거운 날이 된다.

오랜만에 하늘이 맑게 갠 주말, 가까운 공원에서 가족과 산
책했다. 평범한 시간이지만 구름 사이로 내리쬐는 햇살도 감
사했다. 길을 걸으며 주님께 물었다.

'왜 사람들에게 그렇게 질문하셨나요?'

성전에서 예수님은 그분의 권위, 세금, 부활 등의 날카로운
문제에 대해 답변을 마친 후 질문을 던지셨다.

"사람들이 어찌하여 그리스도를 다윗의 자손이라 하느냐"
(눅 20:41).

'그리스도가 다윗의 자손'이라는 말은 틀린 말이 아니다.
성경도 그것을 지지한다. 예수님이 던지신 질문의 의도는 무
엇일까? 그리스도가 다윗의 혈통을 따라 태어난다는 말은, 단
순히 다윗의 자손으로 태어나 그들이 원하던 대로 위기에 처
한 이스라엘을 정치적으로 구원해줄 것임을 뜻하지 않았다.

"다윗이 그리스도를 주라 칭하였으니 어찌 그의 자손이 되
겠느냐"(눅 20:44)라는 예수님의 질문이 가진 의도는 "너희는
그리스도에 대해 제대로 알지 못한다"라는 말과 같다.

그들이 그림 그린 그리스도는 큰 바다의 작고 작은 모래와
도 같았다. 내 작은 마음속에 주님을 그리기에는 내 마음의 크
기뿐 아니라 생각의 능력과 상상력도 너무 작았다. 나는 소원
했다.

'내 마음과 인생에 주님이 그림 그려주세요. 평범하고 대단

할 것 없는 매일의 시간 속에 빛으로 만나주세요.'

순종하면
남들보다 뒤처지진 않을까

제대한 후, 나는 청년부에서 문서국장을 맡았다. 일주일에 한 번씩 나오는 주보 발행이 주된 일이었다. 매주 30페이지 이상 의 내용을 10페이지 남짓의 주보에 담아서 찍어냈다.

청년들의 인터뷰, 신앙도서에 대한 감상문을 받았고, 군대 간 이들에게 위문편지를 쓰거나 만화를 싣기도 했다. 빈 공간마다 청년부 담당 목사님의 얼굴을 감자처럼 장난스레 그려 넣기도 했다.

매주 문서국 모임을 위해 학교 앞 자취방에서 교회 근처까지 시외버스를 타고 오갔으며, 주말마다 시내에 위치한 인쇄소에 들락거렸다.

후배들과 함께 한 주도 빼놓지 않고 1년 동안 시간과 자원 낭비일 수 있을 주보를 발행했다. 나는 문서국장을 마치고 청년부 임원을 맡았다.

어느 날, 친구가 문화 매거진을 발행하려고 하는데 내가 그 일을 맡아주었으면 좋겠다고 요청했다. 전체 내용은 내가 원

하는 대로 진행하고, 기획사에서 진행하는 공연 정보만 넣어
달라는 게 유일한 조건이었다.

매달 매거진을 발행하는 일이 결코 쉽지 않겠지만, 주보를
만든 경험 때문인지 힘들어서 못하겠다는 생각은 들지 않았
다. 나중에 생각해보니 주님이 이 일을 위해 미리 준비시키신
여정이었나 싶을 정도였다. 다만 두 가지 생각이 나뉘어서 처
음에 결정을 바로 내리지 못했다.

우선 매거진 만드는 일을 하나님이 기뻐하실 거라는 생각
이 마음에 가득했다. 그 일을 통해 많은 사람이 위로를 얻고
하나님을 만나게 될 것이라는 기대도 있었다.

당시 나는 개인 홈페이지인 '러브앤포토'를 운영하는 중이
었는데, 정해진 시간에 기도하며 글을 쓰고 사람들의 글에 반
응해주었다. 나는 그 시간에 어떤 방해도 받지 않고 글을 쓰기
위해 인터넷 랜선까지 뽑아놓았다.

그 과정에서 많은 이들이 예수님에 대해 궁금해하고, 그분
을 만나길 원한다는 것을 알게 되었다. 부족한 내 글로도 사람
들이 예수님을 만날 수 있다면, 나보다 귀한 사람들의 글로 채
워진 매거진은 더 많은 사람이 그분을 만나는 접촉점이 될 것
이라는 기대로 가슴이 벅찼다.

하지만 매거진을 만들면 다른 사람들보다 한없이 뒤처질 것
만 같았다. 이미 색약 때문에 대학에서 뒤처진 시간도 있었고,

교환학생으로 외국에서 공부할 기회를 청년부 임원으로 섬기느라 거절하기도 했다. 그때도 역시 두려움과 싸워야 했다.

오늘의 시간은 오늘밖에 존재하지 않기에 조바심이 났다. 주님께 순종하려면 내가 해야 할 일들은 뒷전이 되어 남들보다 뒤처질까 봐 두려웠다. 하지만 많은 경우에 두려움은 진실이 아니었다.

나는 '오늘이 아니면 아무것도 할 수 없을 것'이라는 두려움과 맞섰다. 주님께 순종하는 시간은 결코 소모적인 시간이 아니라 믿었다. 만일 좋은 조건 때문에 내가 떠난다면 후임이 될 후배들도 똑같이 그 자리를 비울 것이었다. 그럼에도 공동체를 위해 수고하고 헌신한 선배들의 시간을 알기에 나는 교환학생으로 외국에 갈 수 있는 제안을 거절했다.

그러나 하나님이 기뻐하실 것이라 생각하고 매거진을 만든다면, 그래서 휴학을 하게 된다면 나는 달려가는 사람들 틈에서 멈춰서 있는 정도가 아니라 뒷걸음질치는 형국이 될 것이었다. 앞선 이들과 벌어질 심리적인 거리를 내 능력과 수고로는 도저히 좁힐 수 없을 것 같아서 결정을 내리기가 무척 힘들었다.

두려움을 안고 기도하는 중에 아브라함과 조카 롯에 대한 말씀이 생각났다. 둘은 함께 지내다가 제한된 목초지에서 목자들이 다투자 갈라선다. 아브라함은 조카 롯에게 "네가 좌하면 나는 우하겠고, 네가 우하면 나는 좌하겠다"라며 선택권을 주었다.

롯이 눈을 들어 선택한 땅은 소알이었다. 성경은 그 땅이 애굽과 같고 여호와의 동산 같았다고 설명한다(창 13:10). 애굽은 발로 물 대는 땅, 하나님이 나를 위해 예비하신 것 같은 최적의 땅이었다.

그는 모두가 부러워할 만한 탁월한 선택을 했고, 아브라함은 하나님이 보게 하신 땅을 받았다. 그런데 결과적으로 롯이 선택했던 아름다운 땅, 소돔과 고모라에는 하나님의 불 심판이 임했다.

인생의 수많은 선택과 결정 앞에서 하나님이 내게 주신 지혜와 분별력을 사용하며, 무엇이 내게 유리할지 조건을 비교해야 할 것이다. 하지만 그보다 우선해야 할 것, 하나님이 기뻐하실 만한 선택은 무엇일까?

나는 롯의 선택을 상상하며 답을 찾았다. 그리고 휴학하고 매거진 만드는 일을 하기로 했다. 막상 일을 시작하니 무척 흥미롭고 유익했다. 매거진의 편집디자이너로 만화를 그리는 유리를 만나 동역했다. 그러나 두 명이 100페이지가 넘는 매거진을 매달 만들기는 힘에 부쳤다.

나는 편집장인 동시에 기자 역할을 하며 취재하고 사진을 찍었고, 검수와 기획 등 여러 가지를 총괄했다. 그러다 보니 다양한 경험을 하고, 많은 사람을 만날 수 있었다.

추운 겨울날 기행 칼럼을 쓰기 위해 새벽부터 청바지에 운동화 차림으로 눈 덮인 태백산을 오르다가 조난당할 뻔한 적도 있다.

맛집 탐방을 하며 만난 한 음식점 대표는 이후에 지적장애를 가진 이들을 직원으로 고용하는 사회운동가가 되었다. 매거진은 작가를 꿈꾸는 사람, 요리사가 되고 싶은 사람에게 기회를 제공하는 좋은 플랫폼이 되었다. 그리고 취미로만 사진을 찍던 내가 기자로서 찍은 사진을 편집장의 견해로 재평가하는 등 사진 작업에도 많은 도움이 되었다.

대단하고 유명한 사람들의 이야기가 아니라 가치 있고 소중한 일상의 이야기, 기독교적인 용어는 배제했지만 그 안에 기독교적인 세계관이 흐르는 이야기를 담았다. 매거진은 일간지에도 소개되었다. 그리고 나는 앞으로 이 일을 하며 살아갈 거라는 막연한 기대를 품었다.

매거진의 필진筆陣 중 외국에 살던 스튜어디스가 있었다. 그녀의 지인인 한 사업가에게 매거진이 전해졌고, 그는 내가 살고 있는 대구까지 내려왔다. 새로운 기독교적 문화매체를 꿈꾸고 있다고 자신을 소개하며 함께 서울에 올라가 일할 것을 권했다.

하지만 나는 제의를 거절했다. 믿음의 숙고가 있었던 매거 진을 그만두고 싶지 않았고, 고향을 떠나 서울에 올라가는 것 도, 가족과 친구들을 떠나 낯선 모험을 하는 것도 두려웠다. 그는 부모님과 형을 만나 설득했고, 매거진의 발행인까지 만 나서 내 장래를 의논했다.

내 의사와 상관없이 일이 진행되었고, 나는 결국 서울에 올 라가게 되었다. 주님의 또 다른 인도하심이라 느꼈지만 불확 실한 미래 앞에서 두려움이 가득했다. 서울로 향하는 기차에 서 나는 기도밖에 할 수 없었다.

사람에게
하나님의 얼굴이 스며있다

함께 새로운 기독교 문화를 꿈꾸기로 했던 사업가와의 일은 3개월 만에 그만두었다. 이로 인해 하나님의 인도하심이라고 믿었던 발걸음은 전혀 생각지도 못한 국면을 맞았다. 나는 신 림동 반지하로 이사했다. 그곳은 짐을 거의 버리고 작은 침대 와 책상 하나만 놓아도 비좁았다.

다큐멘터리 감독인 우현 형과 노래를 만드는 도현 형, 함께 영상을 만드는 동석이, 디자이너 진경 누나, 대구에서 같이 올

라온 유리가 서울에서 내가 아는 사람의 전부였다.

우리는 영상과 음악과 사진을 나누는 인터넷 공간 '버드나무'를 열고, 전에 없던 새로운 문화 콘텐츠를 만들기 시작했다. 그때부터 나는 종일 사람들을 만나 사진을 찍으며 길을 걸었다. 이 공간은 많은 이들에게 위로와 소통의 통로가 되었다.

당장 먹고 살 어떤 근거도 없었지만, 이 일이 주님의 나라와 의에 관계된 것이라면 주님이 말씀대로 나를 먹이시고 기르실 거라는 믿음, 그 위에 내 삶을 올려놓았다.

나는 〈친구야 놀자〉, 〈요셉일기〉와 같은 제목으로 사람들이 지나쳐버리는 풍경을 담거나 거리의 사람들에게 다가가 말을 걸었다. 그리고 그들이 우리의 친구이며 마음에 천국을 품고 살아가는 사람들임을 작품으로 나누었다.

또한 그들의 모습을 통해 거룩한 것과 그렇지 않은 것이 무엇인지, 하나님 앞에서 어떻게 살 것인지를 끊임없이 물었다. 철저하게 멈춘 시간 속에서 우현 형과 주변 사람들을 통해 질문의 답을 엿볼 수 있었다. 그러면서 삶에 묻어있는 진심을 배우고, 말씀으로 살아가는 것이 무엇인지 진지하게 고민했다.

"가장 작은 자에게 한 것이 곧 내게 한 것이다."

예수님이 말씀하셨다. 그래서 내가 가장 작은 누군가의 일상을 사진으로 기록하는 것은 예수님의 시간을 담는 것과 같다고 여겼다.

또 예수님이 "예루살렘과 온 유대와 사마리아와 땅 끝까지 이르러 내 증인이 되라"라고 말씀하셨기에 '내게 익숙하지 않은 땅, 사마리아는 어디인가?'를 스스로에게 물으며 길을 걸었다.

추운 겨울, 집 앞에 거하던 노숙인들에게 따뜻한 커피와 먹을 것을 주고 함께 불을 쬐며 인생의 질문을 묻고 또 물었다. 유난히 추웠던 어느 날, 폐지 줍는 한 할머니에게 다가갔다. 따뜻한 음료가 할머니의 언 몸을 조금이라도 녹이면 좋겠다는 마음으로….

"할머니, 누구와 사세요? 아들과 같이 사세요?"

"나, 하나님과 살아요."

할머니의 나지막한 대답은 내 숨을 멎게 할 무게를 싣고 있었다. 사람들이 전혀 알지 못하는 구석구석에 하나님의 천사들이 살았다. 나는 시각 장애인들이 모인 작은 교회에서 매주 함께 예배를 드렸고, 여름이면 홍천으로 수련회를 갔다.

이 시간이 아니었다면, 가까이 다가가지 않았다면 알지 못했을 풍경들과 주님 앞에서 씨름했던 인생에 대한 고민과 질문들…. 그렇게 내 청년의 시간이 지나가고 있었다.

13년 동안 구걸하고 노숙했던, 나를 많이 따랐던 귀여운 동생 두한이. 도무지 바뀔 것 같지 않은 아이와 함께하는 시간은

내가 얼마나 인내하지 못하며 사랑이 없는지 절절히 알게 해
주었다.

많은 시간을 그와 보내며 주님의 품안에서 그분의 심장소리
를 듣는 것처럼 매순간 그분의 손길을 느꼈다. 수년이 지난
후, 기도 가운데 주님은 '어느 하루'를 생각나게 해주셨다.

두한이는 늘 잠실대교 아래에서 잠을 잤다. 무더운 여름이
면 "네가 가장 시원한 데서 잔다"라며 장난을 치기도 했지만
겨울에는 심각했다. 우리 집에서도 몇 번 재워보다가 그가 겨
울을 지낼 만한 곳을 찾아다녔다.

가는 곳마다 거절을 당해서 보도블록에 주저앉아 울기도
했다. 결국 서울대입구 근처의 한 고시원에서 받아주었다. 감
사하게도 그 후로 두한이는 거리에서 잠을 자지 않았다. 하나
님은 그 시간을 생각나게 하시며 말씀하셨다.

'그때 참 고마웠다.'

나는 할 말을 잊었다. 내가 기억하는 수많은 장면들 중에
나조차 잊고 있던 그 때를 말씀하시다니…. 두한이와 보낸 그
하루는 하나님과 함께한 시간이었다.

사람을 하나님의 형상대로 지으셨다는 말은 사람에게서 하
나님의 형상을 볼 수 있다는 말과 같다. 그런데 나는 하나님과
함께한 수많은 시간 동안 왜 더 기뻐하지 못했을까? 왜 더 사
랑하지 못했을까?

내가 약속한 말씀 위에
네 삶을 올려놓으렴

하나님을 알아갈수록 내가 생각하던 하나님에 대한 수많은
오답을 지울 수 있었다. 하나님은 사람이 기뻐하고 환호하는
장면보다는 아무도 알지 못하지만 그분이 기억하시는 시간,
주신 마음에 순종한 시간을 기뻐하신다. 작은 감동을 버리지
않고 마음에 품고 순종한 바로 그 순간을 말이다.

하나님께서 내게 물으셨다.

"너희가 나를 위하여 무슨 집을 지으랴"(사 66:1).

과연 하나님이 거하실 집을 내가 지을 수 있을까? 내가 도
대체 무슨 대단한 일을 해야 주님을 기쁘시게 할 수 있을까?
주님이 던지신 질문 앞에 아무 말도 할 수 없었다.

"하늘은 나의 보좌요, 땅은 나의 발판이다. 이 모든 것을 내
손이 지었다."

사람들은 크고 대단한 일을 해야만 하나님이 인정해주신다
고 생각하지만 그분의 헤아릴 수 없을 만큼 거대한 스케일 앞
에서는 침묵할 수밖에 없다. 하나님은 무엇이 부족해서 사람
의 손으로 섬김을 받으시는 분도 아니고, 사람이 손으로 지은
신전 안에 계시지도 않는다(행 17:24,25).

조나단 에드워즈Jonathan Edwards의 첫 번째 논문 주제는 천지 창조의 목적에 관한 것이다. 수많은 논증을 통해 그가 말하고자 하는 바는 결국 '하나님, 당신의 영광을 위하여'라는 결론이다.

부족한 인간이 자신의 영광을 높이는 것은 잘난 체에 불과하지만, 부족함이 전혀 없는 하나님께서는 영광을 받기에 합당하시다. 우리가 이해하거나 다가가지 못할 그 완전함 앞에 작디작은 온 세계는 주님을 찬양할 수밖에 없다. 하나님은 말씀하신다.

무릇 마음이 가난하고 심령에 통회하며
내 말을 듣고 떠는 자 그 사람은 내가 돌보려니와

사 66:2

우리는 하나님께 집을 지어드릴 수 없고, 크고 대단한 일을 해서 주님이 거할 처소를 만들지는 못하지만 마음이 가난해져 심령에 통회할 때가 있다. 내 힘으로 아무것도 할 수 없지만 주님의 말씀 앞에 가난한 마음으로 가슴을 두드리고 애통해할 수 있다. 주님은 그 사람을 돌보신다고 약속하신다. 주님이 어떤 분이신가? 주님이 무엇을 약속하셨는가? 나는 그 약속 앞에서 내 마음을 드리며 살아간다.

"심령이 가난한 자는 복이 있나니… 애통하는 자는 복이 있나니"(마 5:3,4)

이 표현을 원어의 문장으로 바꾸면 그 상태 자체가 복이 있다는 뜻이다.

"복이 있도다, 마음이 가난한 자여. 복이 있도다, 애통한 자여."

세상의 기준으로 크고 대단한 존재가 못 되어도 믿음의 눈과 주님의 마음으로 가난한 마음을 품고, 연약하고 부족한 내 존재로 인해 가슴을 치며 애통해하면 주님은 "복되다"라고 말씀하신다.

아프고 병든 마음을 끌어안고 있을 때도 그리스도 예수 안에서 우리를 향한 하나님의 뜻이 무엇인지를 찾으면 기뻐하고 기도하고 감사할 수 있다. 사단은 문제가 가득한 현실을 보여주며 묻는다.

'이래도 주님을 믿을 거야? 이래도 감사의 말을 할 거야?'

생각이나 강한 확신으로 인한 믿음과 살면서 경험하는 믿음에는 차이가 있다. 살다 보니 믿음은 이상과 가치의 문제가 아니라 생존의 문제와 더욱 가까웠다. 믿음은 많은 경우 보이지 않는다. 그렇지만 보이는 것보다 더 실제적인 주님을 알게 되었다.

'주님을 일상에서 만나고 싶습니다.'

내가 드린 질문에 주님은 말씀하셨다.

'내가 약속한 말씀 위에 네 삶을 올려놓으렴.'

그러자 주님의 약속과 닿아있는 평범한 일상에서 끊임없이 그분을 만날 수 있었다.

모든 영역에
하나님의 길과 통치가 있다

하나님은 약속하신다. 그 약속은 때로는 허망해 보이고 전혀 현실적이지 않은 것 같다.

> 내가 고난당할 때에, 나는 주님을 찾았습니다…
> 주님께서 나를 뜬눈으로 밤을 지새우게 하시니,
> 내가 지쳐서 말할 힘도 없습니다…
> "주님께서 나를 영원히 버리시는 것일까?"
> 시 77:2,4,7, 새번역

찾고 찾아도 침묵하시는 하나님 앞에서 시편 기자는 결국 하나님이 어떤 분이신지, 어떻게 일하셨는지를 상기한다.

주님의 길은 바다에도 있고,

주님의 길은 큰 바다에도 있지만,

아무도 주님의 발자취를 헤아릴 수 없습니다.

주님께서는, 주님의 백성을 양 떼처럼,

모세와 아론의 손으로 인도하셨습니다.

시 77:19,20, 새번역

백성들 앞에 바다가 놓였을 당시 그들 앞에는 모세와 아론 뿐인 것 같았지만, 그 너머에 주님이 계셨다. 주님의 발자취를 헤아릴 수 있는 사람은 아무도 없지만, 발자취가 보이지 않는 다고 주님이 일하시지 않는 건 아니다. 주님은 보이거나 보이 지 않는 모든 영역에서 통치하고 계신다.

언젠가 공동체의 회복을 위해 기도한 적이 있다. 도무지 함 께할 것 같지 않은 공동체를 위해 끊임없이 기도했지만 둘 사 이는 평행선을 달렸다. 나는 몇 개월간 기도하면서 지쳐갔다. 소용없는 것 같아서 그만두려고도 했다.

그런데 함박눈이 내리던 어느 날, 언제 그랬냐는 듯 공동체 가 한데 어우러져 웃고 떠들었다. 다 큰 청년들이 눈을 뭉쳐 서 서로에게 던지고 눈사람을 만드는 모습이 동화 속 한 장면 같아 한참을 멍하니 쳐다보았다. 하늘에서 내리는 눈 앞에서 그동안의 오랜 문제가 별 문제 아닌 것처럼 누그러져 웃을 수 있다는 사실이 놀라웠다.

겉으로는 냉랭하고 관계가 평행선을 달리는 것처럼 보여도 눈에 보이지 않는 영역, 마음의 일은 누구도 알지 못한다. 내 눈에 보이지 않는다고 하나님의 길과 통치가 없는 게 아니다. 그리스도인은 눈에 보이지 않는 것을 믿고 기도하며 기다리는 사람들이다.

> 하나님의 모든 약속은 그리스도 안에서 '예'가 됩니다.
> 그러므로, 그리스도로 말미암아,
> 우리는 "아멘" 하면서 하나님께 영광을 돌리는 것입니다.
> 우리를 여러분과 함께 그리스도 안에 튼튼히 서게 하시고,
> 또 우리에게 사명을 맡기신 분은, 하나님이십니다.
> 하나님께서는 또한 우리를 자기의 것이라는 표로 인을 치시고,
> 그 보증으로 우리 마음에 성령을 주셨습니다.
>
> 고후 1:20-22, 새번역

이 짧은 구절에서 하나님의 일하심을 본다. 문제 앞에 고민하며 우리가 누구인지, 어떤 존재인지 묻는 질문에 하나님의 약속이 대답한다.

"너는 내 것이다. 내가 너를 인장을 찍어 봉인했다. 너는 누

구도 손댈 수 없는 내 소유다. 그리고 내가 보낸 자다. 내가 기름부은 자다. 곧 왕 같은 제사장, 거룩한 나라와 같다. 네 안에 거하는 성령을 보라. 너희에게 줄 유업의 첫 지불금이다. 그것으로 내 약속을 믿어라. 내가 너를 굳건하게 세울 거란다. 너는 내 것이기 때문이야."

하나님의 모든 약속은 그리스도 안에서 '예'가 된다.

3장

작은 자,
하나님나라를 여는 열쇠

지극히 작은 한 사람을 열쇠로 사용하셔서
하나님은 당신의 나라를 보여주신다.
우리가 전혀 예상하지 못한 방법을 통해 이루어가신다.

나는 순종해서
기도할 뿐이다

나는 국제통상학을 전공했다. 그래서 막연히 사업을 하게 될지도 모른다는 생각에 대학 시절 자취방에서 이런 기도를 드렸다.

'하나님, 세상에는 돈과 명예와 좋은 대학과 학벌 등 여러 가치가 있습니다. 하지만 이런 것들 말고도 중요한 가치가 있지 않을까요? 세상을 다 알지 못하지만 하나님이 주목하시는 가치를 가진 사람들과 함께하게 해주세요.'

어느 날, 토크 콘서트에서 질문에 답변하다가 청년 시절의

이 기도가 생각났다. 나는 사업가가 되어서 그런 가치를 지닌 사람을 고용할 줄 알았는데, 그런 사람의 사진을 찍고, 그들의 사연을 말하고 있었다.

"가장 작은 자에게 한 것이 곧 나에게 한 것"이라는 예수님의 말씀을 마음에 품고 온 거리를 쏘다니며 사람들을 만났다. 그 과정에서 자연스레 그들에게 도움을 줄 수 있는 길이 열렸다. 후원방송으로 연결해주거나 직접 모금을 해서 그들을 도왔다.

의료매거진 〈Band-aid〉(반창고)의 편집장으로 일할 때는 많은 희귀난치성 질환자들을 만나서 지원할 수 있었고, 지금도 그들에게 도움을 주거나 그들을 위해 기도한다. 그래서인지 도움을 바라는 메일을 자주 받는다.

각자의 어려움 때문이라 이해하지만, 지나친 내용을 담은 메일도 더러 있다. 한번은 이가 아파서 치과에 갔다는 글을 홈페이지에 적었더니 "치과 치료를 받을 돈은 있고 나를 도울 돈은 없냐"라고 하며 화내는 사람도 있었다.

그래서 하나님께 진정한 구제가 무엇인지 물으며 심각하게 기도했다. 아무리 선해 보여도 주님의 뜻이 아니라면 잘못 행할 수 있기 때문이다. 어떤 경우에는 도와주지 않고 그저 기다리는 것이 옳을 수 있다.

그러자 하나님께서 사도행전 3장으로 진정한 구제의 의미를 깨닫게 해주셨다. 성전 미문 앞에서 구걸하던 한 지체장애인이 있었다. 여기서 미문美門이란 한자 뜻 그대로 'beautiful gate'이다. 그런 문 앞에 누추한 사람이 앉아 구걸하다니, 얼마나 상반되는 풍경인가? 아름다운 문과 구걸하는 지체장애인. 베드로와 요한이 이 상반되는 풍경을 지나가다가 그를 주목하고는 다가가 말했다.

"은과 금은 내게 없거니와 내게 있는 이것을 네게 주노니 나사렛 예수 그리스도의 이름으로 일어나 걸으라"(행 3:6).

그러자 그는 일어나 걸었으며, 아름다운 성전이 되었다. 성전의 아름다운 문 앞에 앉아있던 누추한 한 사람이 문보다 더 아름다운 성전이 된 것이다.

> 너희는 너희가 하나님의 성전인 것과
> 하나님의 성령이 너희 안에 계시는 것을 알지 못하느냐
>
> 고전 3:16

나는 말씀을 통해 '한 사람이 성령이 거하시는 아름다운 성전이 되게 하는 것'이 진정한 구제라는 사실을 알았다. 그런데 주님은 '고르반'을 주의할 것도 말씀하셨다(막 7:11,12). 이는 마땅히 부모님에게 드려야 하는 것을 하나님께 드렸다고 말함으로써 부모님에게 드리지 않는 것을 말한다.

진정한 구제는 예수님을 믿지 않던 이가 그분을 믿으면서 일어나는 총체적인 변화를 말하지만, 그렇다고 실제적으로 누군가에게 도움을 주는 구제를 간과해서는 안 된다.

이 말씀을 묵상할 때 하나님은 마른 뼈들이 일어나 하나님의 군대가 되었던 에스겔서 말씀처럼 내가 안고, 손잡고 기도하는 사람들마다 일으켜 세워주시겠다는 감동을 주셨다.

나는 이 믿어지지 않는 감동을 부여잡고 길을 걸으며 '하나님, 제가 누구를 위해 기도할까요? 누구를 붙잡고 기도하면 좋을까요?'라고 기도했다.

강남역을 걷다가 성경의 바로 이 장면처럼 다리가 불편한 분이 바닥에 주저앉아 구걸하는 모습을 보았다.

'고르반을 주의할 것!'

나는 그에게 다가가 필요를 묻고 얼마의 돈을 준 뒤, 그를 위해 기도해도 될지 물었다. 주님께 그를 올려드리며 마음을 다해 '내게 은과 금은 없지만 그가 나사렛 예수님의 이름으로 일어나 걷게 되기'를 간절히 기도했다.

어떻게 되었을까? 하나님이 약속하신 대로 정말 그를 일으켜 세워주셨을까? 마른 뼈처럼 보이던 그가 치유함을 받고 일어나 하나님의 군대로 서게 되었을까?

나는 이후의 일은 아무것도 알지 못한다. 단지 기도해주었고 내가 가야 할 길을 갔기 때문이다. 많은 경우에 '기도한 후에 아무 일도 일어나지 않으면 어쩌지' 하는 두려움 때문에 기도하지 않는다. 책임지지 못할 뒷일을 걱정하느라고.

하지만 우리는 믿음으로 기도하고 그 결과는 하나님께 맡겨드려야 한다. 우리가 책임질 필요가 없다. 기도는 내가 가진 능력으로 무슨 일을 벌이는 것이 아니다. 하나님께서 당신의 기쁘신 뜻대로 기도를 사용해서 이루실 것이다. 나는 순종해서 기도할 뿐이다.

지금도 우리의 마음을
끊임없이 두드리신다

> 그래서 오늘 내가 여러분에게 분명히 선언하지만
> 여러분 가운데 누가 멸망에 빠진다 해도 그것은 내 책임이 아닙니다.
> 행 20:26, 우리말성경

바울은 에베소교회 장로들에게 이렇게 말했다. 몇 년을 함께 지낸 이들에게 너무 냉정하지 않은가? 그러나 내가 할 수 있는 몫이 있고, 책임지지 못할 영역이 분명히 있다. 그래서 선을 그어야 하고, 구분이 필요하다. 바울은 그들에게 헌신했다. 하나님의 뜻을 주저함 없이 모두 전파했다(행 20:27). 이것은 바울의 몫이었지만 결과는 그의 몫이 아니었다.

물론 휙 던져놓고, 받든지 말든지 내 소관이 아니라고 말하라는 건 아니다. 듣는 이들이 잘 이해할 수 있게 시대의 언어를 담아 겸손함과 온유함으로, 미혹되지 않게 전하는 것까지가 바울의 몫이다. 하지만 그 이후는 각자의 몫이다.

하나님은 에스겔에게도 이스라엘 백성들에게 가서 하나님이 말씀하시는 바를 전하라고 하셨다(겔 2장). 그들이 듣든지 아니 듣든지 하나님의 말씀을 전하는 것이 에스겔에게 주신 하나님의 명령이었다.

바울은 에베소 장로들에게 자신이 떠나면 교회에 사나운 이리가 들어올 것이라고 경고했다(행 20:29). 교회는 아무 싸움 없이 평온한 상태의 목가적인 공간이 아니다. 그곳에는 끊임없는 싸움이 있다.

하지만 주님을 바라보며 끊임없이 싸워 나가는 전쟁터이다. 우리는 갈등 없는 고상한 인격이 그리스도인의 완성체라고 믿는 경향이 있지만 그렇지 않다. 사람은 여전히 부족하기에, 또 다른 부족한 자와의 만남 속에서 불협화음이 생기기 마련이다.

이 시대는 갈등을 만들지 않기에 최적화되어 있다. 거리를 두면 그만이다. 그러다가 처음으로 강하게 부딪히는 시기가 결혼을 하면서부터이다. 내 고상한 인격이 사정없이 무너지는 곳이 가정이다.

그래서 우리는 배우자 때문에 천사 같은 자신이 괴물이 되었다며 상대를 탓한다. 원래 괴물이었지만 거리를 유지하면서 잘 숨겨왔던 것뿐인데 말이다. 그래서 결혼하기 전에 공동체를 통해 수없이 부딪히면서 자신이 얼마나 가난한 존재인지 알아가는 것이 꼭 필요하다.

어느 해 송구영신예배 때였다. 기도하고 있는데 누군가를 위해 기도하면 좋겠다는 마음이 생겼다. 물론 이것은 수많은 생각 중 하나일 뿐이었다. 배가 고프다거나, 예배를 마치고 갈비탕을 먹어야겠다는 생각이 드는 것처럼 내 마음속 생각 중 하나일 수 있었다.

그래도 나는 주변을 돌아보았다. 한 친구가 손을 모으고 앉아있기에 그에게 다가가 말했다.

"내가 너를 위해 기도해줄게."

예배를 마치고 교회 근처에서 허기를 채우고 있는데, 그 친구에게서 전화가 왔다.

"너 지금 어디니? 왜 나를 위해 아까 기도해줬어?"

그는 내가 있는 곳으로 와서 자신의 이야기를 들려주었다. 지난 일주일간 너무 어렵고 힘겨워서 주님께 도와달라고 계속 매달렸다고 한다. 하지만 상황은 여전히 좋아지지 않은 채

송구영신예배를 드리는 날이 되었다고, 죽을 것 같은 마음으로 하나님께 매달리며 기도했다고 한다.

'주님, 이제 조금 있으면 지옥 같은 오늘이 또 이어져서 새로운 한 해를 맞습니다. 주님, 도와주세요. 살려주세요. 누군가 나를 위해 기도하게 해주세요….'

우리는 하나님의 타이밍을 다 알지 못한다. 사도행전에서 하나님은 사울에게 말씀하심과 동시에 아나니아를 불러 사울을 찾아가 기도해주라고 하신다(행 9장). 또 베드로에게 말씀하심과 동시에 이방인 선교의 열쇠가 될 고넬료에게 말씀하신다(행 10장).

하나님은 자신의 뜻을 이루기 위해 우리 마음을 끊임없이 두드리시지만, 우리는 수많은 생각 중 하나라고 간과할 때가 많다. 그러니 내 마음 안에 그려놓은 몇백 개의 모눈종이 중 단 한 칸이라도 주님이 주신 감동이라면 거기에 시간과 노력을 투자해야 한다.

만일 주님의 뜻이라면 그 자체로 기쁘고 감사한 일이지만, 제대로 분별하지 못한 오판誤判이라 하더라도 괜찮다. 그 횟수가 많아질수록 하나님께서 그런 나를 안타깝게 여기실 테니까. 우스운 상상이지만 이렇게 생각하시지 않을까?

'제 딴에는 순종한다고 하는데 저대로 두면 불에도, 물에도 겁 없이 들어가서 탈이라도 나지 않을까? 이 녀석은 내가 불

들어 인도해야겠다.'

평소라면 기도하기를 머뭇거렸을 친구였지만 우리 집으로
자리를 옮겨서 늦도록 같이 기도했다. 친구는 10여 년 전 가
족을 잃고, 외제차와 온갖 것들로 그 빈자리를 대신하려 했다
고 한다. 그는 새벽녘에 우리 집 문을 나서며 말했다.

"하나님이 오늘 그 빈자리를 채우셨어."

누구에게나 그런 빈자리가 존재한다. 우리는 그 허기를 어
찌할 수 없어서 성전 미문 앞에서 끊임없이 누군가에게 무엇
을 구걸한다. 하지만 그 빈자리는 하나님만이 채우실 수 있다.

놀라운 사건의 시작은
작고 작았다

나는 사도행전 3장을 보면서 궁금했다. 하나님은 어떻게 베드
로와 요한에게 지체장애인에게 다가가라고, 그를 위해 기도
하라고 신호하셨을까? 하나님의 신호를 눈치 채는 데 둔감한
나로서는 도무지 이해가 되지 않았다.

혹 하늘의 구름을 화살표 모양으로 만들어 그들에게 보이
셨을까? 전기 감전이라도 일으켜 신호를 보내셨을까? 이건
분명치 않지만, 그 후에 일어날 일에 대해 베드로와 요한에게

어떤 정보도 주지 않으셨음은 확실하다.

다음 일이란, 성전 미문에 앉아있던 그가 기뻐하며 걷고 뛰는 사건을 말한다. 그로 인해 수천 명의 사람들이 그들 주위로 몰려들었다. 그리고 베드로와 요한이 설교하자 5천 명이나 회개하고 주님을 영접했다.

이 놀라운 사건의 시작을 어디서 찾아야 할까? 사람들은 5천 명에 집중하겠지만 하나님의 시선은 성전 미문에 앉아있던, 아무도 주목하지 않는 지극히 작은 한 사람을 향했다.

그를 열쇠로 사용하셔서 당신의 나라를 보여주신다. 우리가 전혀 예상하지 못한 방법을 통해 그분의 나라를 이루어 가신다.

다윗이 사울 왕을 피해 시글락에 머물 때였다. 그는 잠시 블레셋에 원군을 다녀왔다. 그런데 베이스캠프인 시글락은 다윗 일행이 자리를 비운 사이 아수라장이 되어 불타고 있었다. 아말렉은 모든 재산뿐 아니라 그들의 아내와 자식들까지 약탈한 후에 흔적도 없이 사라졌다.

아무것도 남지 않은 시글락에서 그들은 울 기력이 다할 때까지 울었다. 재산을 빼앗기거나 자신이 죽는 것보다 더 애통한 일이 가족의 생사가 아니던가? 하루아침에 비극의 현장이 된 시글락에서 무리는 지도자였던 다윗을 돌로 치려 할 정도로 분노했다. 하지만 놀랍게도 그는 "그의 하나님 여호와를 힘입고 용기를 얻어" 가족의 행방을 찾아 나섰다.

요셉의 감옥, 다니엘의 사자굴에서도 하나님은 그들과 함께 계셨다. 사도 바울은 고린도에서 겪은 말할 수 없는 고난과 생사를 알 수 없을 정도로 험했던 유라굴로 광풍 속에서도 그를 찾아오신 주님의 음성으로 다시 살 수 있었다.

나도 풀어내지 못할 많은 문제 앞에서 어떻게 할지 몰라 주저앉아 있었다. 문제 앞에 두려워 떨며 기도하던 내게 주님은 문제를 횡橫으로 나열하지 말라고 하셨다. 종縱으로 줄 세우면 내 앞의 문제는 결국 하나라고 하셨다.

그러면 많은 문제를 고민하는 대신, 내 앞에 놓인 문제 하나를 풀어나갈 수 있다. 그것을 해결하면 다음 문제가 내 앞에 한 발자국 다가선다. 그러면 또 그 문제를 처리하면 된다. 그렇게 내 앞의 문제를 하나씩 풀다가 밤이 오면 편안히 안식하면 그만이다. 내일의 문제는 내일에 맡겨야 하기 때문이다.

내일의 문제를 오늘 고민하는 대신 주님 안에 거했다. 다시 다음 날을 맞아 문제를 하나씩 풀다 보면 어느 새 끝을 만나곤 했다. 도저히 풀 수 없을 거라고 생각했던 많은 문제가 어느 순간 풀려있는 걸 보고 깜짝 놀랐다. 그리고 이렇게 고백할 수밖에 없었다.

'문제는 영원하지 않습니다. 영원한 것은 오직 주님뿐이십니다!'

한 사람을 통해 만나게 될
더 큰 세상

다윗은 도저히 풀 수 없을 것 같은 문제를 만났다. 하지만 여호와를 힘입고 용기를 얻어 자신이 걸어야 할 다음 걸음을 걸었다. 다윗 일행은 가족을 구하기 위해 아말렉을 뒤쫓았지만 그들의 행방을 알 수 없었다.

얼마나 찾아 헤맸을까? 600명 중에 200명이 브솔시내에서 기력이 다해 낙오되었다. 남은 400명은 여전히 자신의 생명과도 같은 가치를 찾기 위해 동분서주하다가 한 애굽 사람을 만났다. 다윗 일행은 병들고 지친 그에게 먹을 것을 주고 치료도 해주었다.

그가 기력을 찾은 후에 건넨 말이 바로 다윗 일행이 찾고 구하던 그 열쇠였다. 광야에 버려졌던 애굽 사람은 아말렉의 종이었다. 그를 통해 아말렉의 행로를 알게 된 다윗 일행은 잃은 것 하나 없이 모두 되찾았다. 다윗 일행은 애굽 사람을 만났을 때 아말렉이 버린 종인 줄 모르고 그를 돌보았다. 그런데 그가 문제를 푸는 열쇠가 되었다.

우리 인생에도 풀어야 할 숙제들이 있다. 그것은 사도행전 3장에 나오는 5천 명 분량의 프로젝트가 될 수도 있고, 아말렉으로 인한 자신의 생명줄 같은 위기일 수도 있다.

우리는 이런 문제를 가지고 주님 앞에 나아가 끊임없이 기도하지만 주님은 이해되는 답을 주시지 않는다. 대신 문제와 전혀 상관없어 보이는 성전 미문 앞의 지체장애인, 병들고 지친 애굽 사람을 보여주신다.

우리는 다급해서 하나님의 말씀을 귓등으로도 듣지 않고 심각한 문제에만 몰두하지만, 사실은 가장 작은 한 사람에게 인생의 문제를 풀 수 있는 열쇠가 숨어있다.

티베트에 선교여행을 갔을 때의 일이다. 현지 선교사님이 메일로 히말라야에서 받은 기도제목을 알려주셨다. 간단하게 정리하면, 당시 티베트는 복음화율이 0.001퍼센트가 채 되지 않는 나라였다. 남북한을 다 합친 만큼의 땅에 예수님을 믿는 이는 200여 명에 불과하다고 했다.

그런데 마을 주민들에게 존경받던 불교 승려가 꿈에서 복음을 듣고 극적으로 회심했다. 이처럼 척박해 보이는 땅에서도 주님은 여전히 일하신다는 사실이 놀라웠다.

회심한 승려는 십여 년이 지나자 그리스도인 공동체의 지도자가 되었고, 나는 그에게 복음을 전하기 위한 도구로 사진을 가르치는 일을 맡았다. 사진을 찍어주며 복음을 전하고, 인화한 사진을 주며 또다시 복음을 전하기 위함이었다.

티베트에서 그를 만나던 날 아침, 하나님께서 내게 애굽 사람에 대한 말씀을 들려주셨다. 그리고 그는 풀 수 없는 문제를 푸는 열쇠라고 하셨다.

그는 보통의 티베트 사람들처럼 후줄근한 모습으로 내 앞에 나타났다. 하나님이 내게 들려주신 약속이 있어서 예수님을 대하듯 그를 대했다. 전자 기기에 익숙하지 않은 그에게 기초적인 설명을 하는데 꼬박 하루가 걸렸다. 나는 그에게 사진을 가르치는 동안 사진기술뿐 아니라 사진을 찍으며 기도해야 함을 말했다.

하나님은 내게 사진을 찍으며 기도하라고 말씀하셨다. 사진을 찍든, 글을 쓰든, 그림을 그리든 기도하며 하라고 하셨다. 이는 비단 내게만 적용되는 것이 아니라고 믿었다. 그래서 그에게도 말해주었다.

"사진을 찍으며 기도하고, 찍은 사진을 보며 기도해야 합니다."

티베트에서 고작 한 사람에게 말해줄 뿐이지만, 그 한 사람을 통해 만나게 될 더 큰 세상을 상상하며 기도했다. 돌아온 후 한참이 지났을 때 한국에서 선교사님을 다시 만났다. 티베트 승려였던 그가 내게 꼭 전해달라는 말이 있다고 했다.

"내가 그렇게 하고 있습니다. 당신이 가르쳐준 대로 그렇게 하고 있습니다."

그는 돌을 맞으면서도 마을에 들어가 기도하며 사진을 찍고, 아픈 이들을 찾아가 사진 찍으며 병이 낫기를 기도하고, 찍은 사진을 책상에 붙여두고는 '기도하고' 있다고 했다. 하나님은 지극히 작은 한 사람을 통해 그분의 나라를 이루어가신다고 나는 믿는다.

4장

책임지시는
하나님

지금의 처지나 문제적 상황이
때로는 하나님보다 크게 느껴지지만,
하나님 아버지께는 이미 하신 일보다
앞으로 하실 일이 보다 수월하시다.

반복된 걸음이
내가 된다

나는 하나님이 옮기셨다고 생각할 수밖에 없을 만큼 순식간에 익숙한 곳을 떠나서 하는 일도, 사는 곳도 바뀌었다. 그리고 마치 오랫동안 해왔던 일을 하듯 새로운 인생을 살고, 길을 걸으며 만나는 사람들의 이야기를 기록하기 시작했다.

정해진 월급을 받으며 사는 삶이 아닌 비현실적인 구조 속에서 나는 말씀을 붙들었다.

'먼저 그의 나라와 의를 구하면 하나님이 먹이시고 입히시고 돌보신다.'

당장 앞이 보이지 않는 불확실한 시간과 두려움 앞에서도 말씀을 붙들려 애썼다.

'지금이 주님의 나라와 의를 위해 얼마나 필요한 시간인지 알지 못하지만, 가는 실처럼 작은 수고와 땀방울이라도 사용해주세요.'

이 시간을 경험하면 할수록 관념적이었던 하나님이 얼마나 실제적이며 구체적으로 내 삶에 간섭하시는지 느낄 수 있었다. 서울에서는 누구에게도 기댈 수가 없었다. 더구나 내가 하는 작업이 화려하거나 대단하지도 않고, 전공과도 전혀 상관이 없었다.

그런데 신기하게도 매일 살아갈 만큼 하나님께서 나를 돌보셨다. 어떤 사람이나 작은 단체를 통해 작업을 의뢰받아 일할 뿐 아니라 대기업과 공공기관으로부터 연락을 받고 프로젝트를 진행하기도 했다. 나는 일하면서도 정말 궁금했다.

'도대체 내가 누구인지 어떻게 알고 연락했을까?'

나는 그동안 사진을 찍고 글을 쓰는 일부터 책이나 잡지를 만드는 일, 방송 진행, 영상 제작과 프로그램 진행까지 전혀 연관성 없어 보이는 다방면의 프로젝트를 진행했다.

한 프로젝트를 잘 마무리하면 또 다른 프로젝트를 제의받았지만 스케줄을 확인한 후 종종 거절했다. 의도적으로 빈 시공간을 만들었다. 하나님이 나를 먹이시고 기르심을 믿었기에 주님이 일하실 시간과 공간을 만들어두고 싶었다.

불확실한 미래가 두려워 모든 일을 맡으면 부^富는 쌓을 수 있다. 하지만 내게 주어진 24시간에서 잠자는 시간과 식사 시간, 꼭 필요한 시간을 빼면 하나님나라를 꿈꿀 여유가 없어진다.

물론 내가 하는 모든 일 가운데 주님이 임재하시기를 기도한다. '거룩'이라는 개념이 일상과 분리되어야 한다고 생각하지 않는다. 보통 하나님나라와 일상을 간단하게 설명할 때 한쪽 축은 교회나 예배 사역으로, 다른 축은 하나님과 관계성으로 두곤 한다. 그것을 다시 네 개의 단면으로 진단할 수 있다.

하나님과의 관계성과 예배 사역이 만나면 곧 하나님께 드리는 예배가 된다. 하지만 그렇지 않은 예배 사역도 있다. 말 그대로 하나님과 관계성 없이 교회 안에 머물며 사역할 수도 있다. 하나님과 관계도 없고 예배도 아닌 단면은 세상의 모습이 될 수 있다.

마지막으로 예배 공간은 아니지만 하나님과 관계가 있는 단면이 있다. 우리의 일상 속에 하나님나라를 초청하는 시간으로 이해할 수 있다.

언젠가 전국의 기도원을 다룬 책을 출간하자며 꽤 좋은 조건을 제안받았지만 거절했다. 나는 기도원이 일상의 도피처가 되어서는 안 된다고 생각했다. 물론 그곳에서 집중해서 드리는 기도가 필요하지만 동시에 일상과 현실 속에서 하나님 나라가 임하기를 기도해야 한다고 생각했다.

연애하던 시절에 아내와 나는 각자가 서 있는 곳에 주님의 나라가 임하기를, 그분의 뜻이 하늘에서와 같이 이 땅에 임하기를 기도했다.

우리는 24시간 문을 여는 패스트푸드점 구석에서, 인파로 붐비는 공항의 터미널이나 새벽녘 눈 내리는 가로등 앞에서도 기도했다. 그럼에도 "모든 일상이 하나님나라"라는 등식으로 삶을 해석하기에는 무리가 있었다.

사람은 반복된 걸음을 통해 만들어진다. 또한 시대와 문화를 벗어나 살 수 없다. 가랑비에 옷 젖듯이 주위 환경으로부터 끊임없이 영향을 받는다.

세례 요한은 오랜 시간 광야에 머물렀다. 그렇지 않았다면 그 또한 예루살렘의 종교지도자와 다를 바 없는 메시지를 외쳤을 것이다. 예수님도 습관처럼 무리를 떠나 한적한 곳에서 기도하는 시간을 가지셨다.

나는 각자에게 나름의 광야가 반드시 필요하다고 생각했기에 의도적으로 일정을 비우고 종일 기도하며 걸었다.

주님과
어디든 함께하고 싶어요

그에게서 마병 천칠백 명과 보병 이만 명을 사로잡고
병거 일백 대의 말만 남기고 다윗이 그 외의 병거의 말은
다 발의 힘줄을 끊었더니

삼하 8:4

다윗은 왕이 되어 전쟁에서 승승장구할 때 스스로 사로잡
은 말들의 발의 힘줄을 끊어냈다. '전쟁은 여호와의 것'이라
는 믿음을 삶을 통해 경험하고 싶었기 때문이다. 지혜가 가득
했던 솔로몬은 왕이 된 후에 애굽에서 말을 사들였다. 그는 말
의 힘이 곧 국력임을 알았다.

'눈에 보이지 않는 믿음으로 어떻게 살아갈 것인가?'

나는 끊임없이 묻고 또 물었다.

'나를 먹이고 기르는 것은 일을 맡긴 대기업이나 안정적인
거래처가 아니라 하나님이십니다.'

이렇게 믿음으로 고백하며 좋은 제의까지 거절하고 만들어
낸 시간이었으나 드라마틱한 사역의 현장이 펼쳐지지는 않았
다. 오히려 아무 일도 일어나지 않는 날이 더 많았다.

하지만 그런 날들이 '실패'라고 생각하지 않았다. 결과만을

목적으로 두면 우리는 소모적인 어떤 시도도 하지 않게 될 것이기 때문이다. 사람이 사랑에 빠질 때도 서로의 집 앞까지 배웅하고, 눈빛을 마주하는 아주 사소하고 소모적인 시간이 필요한 것처럼 하나님과의 시간도 그렇다고 믿었다.

나는 길을 걸으며 기도했다. 버스를 타고 행선지를 향할 때는 물론이고 설거지하거나 샤워할 때도 그랬다. 가난한 마음에 아무것도 할 수 없을 때조차 마음으로 기도했다.

그렇게 기도하는 습관 때문인지 아내는 잠꼬대로 기도하며 선포하는 내 모습에 놀랐다고 한다. 그 기도를 통해 주님의 뜻이 이루어지기를, 내 마음의 방향이 그분을 향하기를 간절히 바랐다.

고넬료는 베드로에게 "이제 우리는 주께서 당신에게 명하신 모든 것을 듣고자 하여 다 하나님 앞에 있나이다"라고 고백했다(행 10:33). 그곳에 보이지 않는 하나님의 임재가 있었기 때문이다.

나는 거리를 걸으며 평범한 일상에 드리는 모든 기도의 순간에 주님의 임재가 있다고 믿었다. 또한 일상을 살지만 하나님 앞에 서 있는 것과 같다고 믿었다.

"먼저 그의 나라와 의를 구하면 하나님이 먹이시고 기르신다"라는 말씀 위에 서기 위해 여러 가지를 모색함과 동시에 거절해야만 했다. 지금 생각하면 서툰 결심이었지만 주님 앞에 진심을 보이기 위해서였다. 내게 좋아 보이는 것을 다 수용하면 하나님나라와 의를 구할 만한 시간과 마음의 여유가 남지 않을 것 같았다.

나는 스스로 대단하거나 상당한 수준의 재능을 가진 사람이라고 생각하지 않았다. 다만 주님이 내게 맡기신 선물 같은 하루를 충성스럽게 보내고 싶어서 카메라의 가죽 스트랩이 너덜너덜해질 만큼 카메라를 들고 걸었다.

하나님이 내게 맡기신 하루가 너무나 감사해서 쉬지 않고 일했다. 편향적이었지만 어쩔 수 없었다. 당시 나는 절실했다. 내가 하나님을 위해 무언가를 해드린다거나 희생한다는 개념이 아니라, 아무것도 할 수 없던 변방의 막내를 주님의 잔치에 초대해주셨다는 기쁨이 있었다.

2007년, 한국교회는 'Again 1907'을 슬로건으로 내걸고 수많은 컨퍼런스와 부흥회를 열었다. 100년 전에 한국에 부으셨던 하나님의 은혜가 다시 한번 충만하길 갈망했다. 하지만 교회 안팎의 여러 사건사고로 인해 자성의 목소리도 가득한 한 해였다.

당시 나는 낙도 선교를 위해 어느 낯선 섬에 머물렀다. 아무도 알지 못하는 외딴 섬 구석에서 부흥을 위해 기도했다. 그

때 한 기업 홍보팀에서 연락이 왔다. 보통 출판물은 콘셉트에 맞춰서 1년간 함께할 인력 섭외를 연말이나 연초에 시작한다. 2007년 한 해 동안 한 달에 한 번, 천만 원이 훨씬 넘는 금액의 인터뷰 촬영 제의를 받았다.

그때 나는 비가 새고 곰팡이가 가득한 지하방에서 이사를 가야 할 형편이었기에 하나님의 은혜라고 생각했지만 결국 이를 거절했다. 그리고 기도했다.

"하나님, 올 한 해 동안 저를 통해 하실 일이 있을 텐데 '요셉아, 오늘 거기에 가자'라고 하실 때 안 된다고 말하고 싶지 않아요. 주님이 가자고 하시는 곳이 어디든 그곳에 있을 수 있도록 올 한 해를 비워둘게요."

그리고 낙도 선교를 마치고 서울에 올라와 생활비를 벌기 위해 중고 사이트의 지하 창고에서 일당 몇만 원을 받으며 정신없이 일했다. 풍족한 제의를 믿음으로 거절했다고 해서 안정적인 삶을 허락받는 건 아니었다. 나는 믿음과 현실의 교차점에서 살아가기 위해 끊임없이 일해야 했다.

당시는 하루하루에 주목하느라 몰랐는데, 시간이 흐른 후에 돌아보았더니 그해는 말 그대로 내게 부흥의 해, 주님이 내 손을 잡고 함께 거니셨던 한 해였다.

당신의 기쁘신 뜻을
제 안에 소원으로 주세요

성경은 돈을 일만 악의 뿌리라고 하지 않았다. "돈을 사랑함"
이 일만 악의 뿌리라고 말했다(딤전 6:10). 돈은 중요하지만,
하나님보다 더 사랑하는 것이 문제이며 우상숭배다.

언젠가 자동차 광고에서 어떻게 지내냐는 친구의 질문에
고급 승용차로 답하는 장면을 보았다. 고급 승용차가 자신의
수준이라는 것이다. 돈을 얼마만큼 소유하고 있느냐가 척도
이다. 이것이 이 시대에 사단이 몰아가는 계산법이다.

돈은 중요하지만 그것이 목적이 되어서는 안 된다. 수많은
미디어에서 한목소리로 경제가 더 어려워질 거라고 말한다.
물론 더 아끼고 더 열심히 돈을 벌어야 하는 것은 당연하다.
하지만 만일 믿음으로 살아가다가 인생에 부도가 난다면 어
떨까. 신자본주의 시대에서의 순교는 이런 형태가 아닐까 생
각해본다.

궁지로 몰린 시기에 말씀에 나오는 인물처럼 극히 값진 진
주를 발견하고 자신의 모든 소유를 팔아 그 진주를 살 수 있
을까? 내 진주는 무엇인가? "너희 보물 있는 곳에는 너희 마
음도 있으리라"(눅 12:34)라는 말씀 앞에 자문해본다.

'내 보물은 지금 어디에 있는가?'

렘브란트 Rembrandt Harmensz는 당대 사람들에게 인정받던 화가였지만 〈야경〉이라는 그림 한 장으로 나락에 빠진다. 이 그림은 의뢰인들이 기대했던 기념사진 형태가 아니라 작가주의 형태의 그림이었기에 사람들에게 외면당했다.

이 일로 풍족했던 그는 한순간에 모든 것을 잃었다. 하지만 실력 있는 화가였기에 다시 사람들에게 인정받을 수 있었다. 그러나 그는 뜻밖의 선택을 이어갔다.

치열하게 믿음에 대해 고민하며 그림 속에 자신의 믿음의 고백을 담았다. 사람들은 외면했지만 그는 이 길을 고집하다가 안타깝게도 유대인 마을에서 초라한 죽음을 맞이했다. 하지만 그의 그림과 삶은 후대의 수많은 사람에게 영향을 끼쳤다. 나는 그의 선택을 가치 있게 여긴다. 비록 온 세상이 그를 몰라주어도 믿음의 고집을 이어갔기에 그 길을 갈 수 있었다고 믿는다.

> 감추어진 일은 우리 하나님 여호와께 속하였거니와
> 나타난 일은 영원히 우리와 우리 자손에게 속하였나니
> 이는 우리에게 이 율법의 모든 말씀을 행하게 하심이니라
> 신 29:29

이 세상에는 하나님이 숨기시기 때문에 알 수 없는 일도,

이해하지 못할 상황도 있다. 그것은 주님의 것이며 그분의 시간이다. 이해하지 못하는 오늘의 비밀도 주님께 속했다. 하나님이 보이신 만큼 우리는 그 비밀을 소유할 수 있으며, 이것은 우리에게 속한 것이다.

모세는 하나님을 뵙기 원했다. 하지만 그가 하나님과 가장 가까이 있을 때는 아무것도 보지 못했다. 하나님이 모세를 마주 지나가시자 그분의 등만 볼 수 있었다. 우리가 하나님과 가장 가까이 있을 때, 역설적이게도 그분의 부재를 경험할지도 모른다.

나도 비밀의 시간을 하나님이 여셨을 때에야 비로소 한 해 동안 얼마나 놀라운 은혜를 경험했는지 깨달았다. 지금까지 함께하는 믿음의 친구들을 그해에 만났다. '어떻게 하나님은 이런 식으로 인생들을 연출하실까' 싶을 정도로 각자의 삶이 교차하여 동역하게 되었다.

우리는 매일 말씀 앞에 눈물 흘리며 기도의 불을 밝혔고, 열방을 품고 기도했다. 내 자취방에 밤마다 여러 교회의 중보기도 팀들이 번갈아 찾아와서 회개의 눈물을 흘리며 은혜를 갈망하는 뜨거운 기도를 드렸다. 나는 그들이 왜 찾아오는지 영문도 모른 채 함께 하나님나라를 구하는 기도를 했다.

NGO인 굿네이버스와 아프리카 촬영도 떠날 수 있었다. 그들은 사진작가와 함께 현장을 방문한 일은 그때가 처음이라고 했다. 비워놓지 않았다면 떠날 수 없었던 여정이었다.

아프리카 여러 나라를 돌면서 사진을 찍으며 기도했고, 자원봉사자들을 만날 때마다 하나님이 얼마나 아름다우신지를 전했다. 그리고 비눗방울과 즉석카메라를 준비해서 아이들에게 사진을 찍어 선물하며 그들을 안고 기도했다.

내가 맡은 첫 번째 역할은 촬영이었기에 그 일에 충성했지만 하나님이 나를 통해 이루실 계획이 거기에만 국한된다고 생각하지 않았다. 그래서 아픔이 가득한 땅에서 나를 통해 하실 일을 날마다 주님께 물으며 걸었다.

> 너희 안에서 행하시는 이는 하나님이시니
>
> 자기의 기쁘신 뜻을 위하여
>
> 너희에게 소원을 두고 행하게 하시나니
>
> 빌 2:13

그리고 매일 아침 '당신의 기쁘신 뜻을 제 안에 소원으로 주세요. 그리고 그것을 저를 통해 이루어주세요'라고 기도했다. 주님이 어떻게 이루실지 기대하며 나는 온종일 응답을 찾아다녔다.

주님이
보고 싶습니다

2016년, 굿네이버스와 함께한 지 10년이 되었다. 나는 여러 활동 경력 덕분에 더네이버스클럽The Neighbors Club에 등재되었고, 나무로 만든 감사패를 받았다. 그리고 깜짝 파티를 겸한 토크쇼도 했다. 그날 받은 질문 중 하나에 이렇게 답변했다.

"2007년에 아프리카로 떠난 건 그해에 하나님께 드린 내 작은 기도의 응답이기도 합니다."

또 국제실명구호기구인 비전케어와 아프리카를 육로로 횡단하며 구호캠프를 열었고, 국경과 국경을 비포장도로로 이동하는 동안에도 나는 같은 기도를 드렸다. 이동 중에는 사진으로 남긴 것이 별로 없지만, 시간과 공간 속에 심은 기도는 주님이 누군가를 통해 이루실 것이기 때문이었다.

일정을 모두 마치고 관련 전시회가 이어졌는데, 국내 전시를 마친 다음 미국 동부에서도 열게 되었다. 그러면서 나는 하나님의 놀라운 인도하심에 입을 다물지 못했다. 워싱턴과 피츠버그, 뉴저지, 뉴욕 등 사진 전시를 위해 이동한 일정이 10년 전에 미국 동부의 부흥을 위해 기도하며 이동한 행로와 일치했다. 나는 그때의 기억을 일기장에 적어놓았다.

나는 도무지 하고 싶은 것도, 되고 싶은 것도 없었다.

초등학교 때 베란다에 매달려보기도 하고, 학교 다닐 적에는

답안에 장난도 쳐보았다.

하루는 재미있었지만 그 재미가 며칠 가지 않았다.

허기진 세상에서 재미를 좇거나 허무를 느끼거나 둘 중

하나였다. 하나님이 계시다고 믿었지만 그분은 내게 무관심한

분이거나 무능력한 분이셨다.

사람은 누구에게나 빈자리가 있어서 누구도 그 자리를

채울 수 없다. 사랑하는 연인이 채울 수 있을 것 같지만 그 또한

하루 이틀이 아니라 긴 시간을 놓고 보면 아무것도 아니다.

그 사람이라면, 그 꿈이 이루어진다면 나는 만족할 수 있겠다고

기대어보지만 그렇지 않다.

금으로도 은으로도 무엇으로도 채울 수 없는 허기를

주님이 채우셨다.

미국 동부에 머물며 기도할 때 주님이 내 마음에 물으시는

것 같았다. 마치 솔로몬에게 물으신 것처럼.

'네 소원이 무엇이니?'

내가 대답했다.

'주님이 보고 싶습니다.'

내 소원은 정말 그것이었다. 얼굴과 얼굴을 대하여 주님을

보는 날에 그 기쁨을 감당할 수 있을까?

"내가 여호와를 항상 내 앞에 모심이여 그가 나의 오른쪽에 계시므로 내가 흔들리지 아니하리로다"(시 16:8).

나는 이 말씀이 너무 좋아서 이메일 서명으로 적어놓았다. 흔들리고 또 흔들리는 현실 앞에서도 내 영혼이 흔들리지 않는 이유는 주님이 계시기 때문이었다.

나는 2007년에 아프리카와 미국뿐 아니라 러시아와 일본 등 하나님 아버지가 부르시는 곳은 어디든 달려가 그 땅을 밟으며 주님과 호흡했다. 만약 연초에 기업 홍보팀의 제의를 거절하지 않았다면 만질 수 없었을 주님의 시간이었다.

실제적이고 구체적이신
내 아버지입니다

나는 비가 새고 곰팡이 가득한 집에서도 충분히 기뻐하며 살았다. 장마 때는 침수가 되어 교회 청년들이 복구를 돕기도 했다. 그 시간에도 감사가 내 속에 가득했다. 그러다가 2007년에 주님은 기적처럼 나를 옮기셨다.

'주님, 나는 이 집에서 사는 것도 정말 괜찮아요. 그런데 곰팡이 가득한 집에서 당신의 아들이 사는 것 때문에 하나님 아

버지가 힘드시진 않을까 해서요. 그러니 아버지 마음대로 하세요.'

어떤 의도를 가지고 기도하지 않았다. 정말 진심이었다. 내가 힘들면 아버지가 힘들 것 같았다. 그리고 며칠 뒤에 하나님은 나를 한강대교가 내려다보이는 하늘 아래 바람 부는 집으로 이사하게 하셨다. 그 무렵 서로 알지 못하는 세 사람이 같은 날, 같은 내용으로 전화를 했다.

"누군가 정성스럽게 선물을 준비했는데 받는 사람이 '저는 괜찮아요. 다른 필요한 사람에게 주세요'라고 말한다면 선물을 준 사람의 마음은 어떨까요? 만일 선물을 받는다면 괜찮다는 말 대신, '고맙습니다'라고 말하며 받으세요."

그때부터 한동안 선물을 거절하지 않고 기쁘게 받는 훈련을 했다. 이사한 곳에서는 기도할 때마다 신기할 정도로 빠른 응답을 경험했다. 예를 들면 '하나님, 프린터가 고장 났어요'라고 기도하면 전화가 왔다.

"요셉 작가님, 혹시 복합기 필요하세요?"

하루는 이렇게 기도했다.

'하나님, 교회가 멀어졌어요.'

그랬더니 친구에게서 오토바이를 좀 맡아달라고 연락이 왔다. 디자인이 예쁘고 연비가 좋은 일본 모델이었는데, 최고 속도가 40km/h였다. 그래서 '주님, 이건 좀 느린 것 같아요'라고 기도했더니 친구에게서 다시 연락이 왔다. 미안하지만 다른 것으로 바꾸면 안 되겠냐고. 그래서 연식이 높은 야마하 오토바이로 갈아탔다.

사진기를 비롯해 침대, 전자레인지, 노트북 등 일일이 다 열거할 수 없을 정도로 긴밀하게 간섭하셨다. 날마다 생일인 것처럼 분에 넘치는 선물을 받았고, 필요한 장비를 교체했다.

'하나님이 왜 이사하게 하셨을까? 왜 즉각 응답해주셨을까?'

나는 "비가 새는 집에서도 기뻐하고 감사했기 때문에 하나님이 새로운 곳으로 인도해주셨다. 좋은 것으로 채우셨다"라고 대답하고 싶지 않다. 그것은 하나님을 또 다른 형태의 벤딩 머신(자판기)으로 만들어버릴 수 있기 때문이다.

하나님은 찬양이나 기쁨, 감사라는 코인을 넣으면 보기 좋은 응답을 꺼내놓으셔야 하는 분이 아니다. 내가 성실하게 도끼질을 하다가 연못에 도끼를 빠뜨렸더니 금도끼를 얻게 되었다고 말할 수도 없다.

하나님은 내가 의도한 대로 움직여야 하는 분이 아니시다. 나는 그분의 뜻과 계획을 알지 못하기에 아무 대답도 할 수 없다. 왜냐하면 하나님은 주님이시기 때문이다. 다만 "하나님이 우리를 사랑하시는가, 그렇지 않은가"의 차원에서 답은 분명하다.

하나님은 우리가 아직 연약할 때(롬 5:6), 아직 죄인 되었을 때(롬 5:8), 원수 되었을 때(롬 5:10) 독생자 예수님을 보내 나를 대신해서 죽게 하셨다.

사람들은 하나님이 어디에 있냐고, 사랑은 어디에 있냐고 묻는다. 사랑은 여기에 있다. 하나님과 원수였을 때, 나는 그분의 진노 아래 있었다. 그것은 공의이며 정의이다. 하지만 우리가 아직 죄인이었을 때에 그리스도께서 우리를 위해 죽으심으로 하나님의 사랑을 확증해주셨다(롬 5:8). 나는 이 말씀 때문에 얼마나 감격했는지 모른다.

비가 새는 지하방은 곰팡이가 가득했고, 벽지는 물에 젖어 눅눅했으며, 천장에서는 물이 뚝뚝 떨어졌다. 그래서 짐을 정리하지 못한 채 한곳에 쌓아놓고, 며칠을 곰팡이로 얼룩진 벽지를 떼어내며 보냈다.

3개월을 그렇게 살다가 장마 때가 되자 장판 위로 물이 찰랑거릴 정도로 침수가 되었다. 온갖 짐들을 다시 한곳에 쌓아올리고 장판을 걷어낸 채 시멘트 바닥에서 2개월 넘게 살았다.

비 새는 지하방에는 귀뚜라미나 지네 같은 온갖 벌레도 자주 나타났다. 하지만 서울에서 전전하던 집들 중에 내가 가장 감사하고 기뻐했던 곳이다. 보이는 상황은 좋지 않았지만 그것이 하나님 아버지의 사랑임을 부정할 수 없었기 때문이다.

성경은 이미 하나님 아버지께서 그 사랑을 확증하셨다고 말한다. 하나님은 당신의 패를 모두 보이셨다. "내가 너를 이만큼 사랑한다"라고 하시며 하나밖에 없는 아들을 나를 위해 내어주셨다. 당신의 모든 것을 주신 것이나 다름없다.

하지만 우리는 내 손에 쥐어지는 고작 몇 개의 사탕과 구슬로 그 사랑을 판단하고 있지는 않은가? 마치 장자의 명분의 가치를 알지 못해 팥죽 한 그릇에 팔아넘긴 에서처럼.

성경은 이렇게 말한다.

우리가 하나님의 원수일 때에도

하나님의 아들의 죽으심으로 말미암아

하나님과 화해하게 되었다면,

화해한 우리가 하나님의 생명으로

구원을 얻으리라는 것은 더욱더 확실한 일입니다.

롬 5:10, 새번역

내게 지금의 처지나 문제적 상황이 때로는 하나님보다 크게 느껴지지만, 하나님 아버지께는 이미 하신 일보다 앞으로 하실 일이 훨씬 수월하시다. 그래서 우리는 소망을 가질 수 있다. 그래서 환난 중에도 즐거워할 수 있다.

환난은 인내를 낳고, 인내는 단련된 인격을 낳고, 단련된 인격은 소망을 낳는다. 환난으로 우리는 더 깊고 더 귀한 그리스도인이 된다. 이 과정을 통해 주님은 우리에게 그리스도의 성품을 새기신다.

비록 그 과정이 쉽지 않지만 소망을 가질 수 있다. 이 소망은 절대로 우리를 실망시키지 않는다. 그것은 그저 긍정적 사고 따위가 아니다. 우리가 환난 중에도 즐거워할 수 있는 이유는 우리가 아직 죄인이었을 때 그리스도께서 우리를 위해 죽으셨기 때문이다.

우리는 하나님의 자녀다. 죄인이었을 때 그분이 베푸신 일을 기억하며, 이제 그의 자녀가 된 우리에게 하실 일을 기대하는 건 당연하다. 그리스도인의 기쁨은 긍정적 사고나 자기 확신이 아니다. 그리스도로 말미암는 기쁨이다.

이미 모든 것을 주신 아버지의 사랑이 바로 성령님을 통해 우리 마음 가운데 부어졌다(롬 5:5). 사랑이 어디에 있는가? 바로 그리스도 안에 있다.

결국 나는 이런 시간 속에서 하나님을 더욱 알게 되었다. 주님의 즉각적인 반응에 매일 감사했지만 놀라지 않았다. 하나님은 실제적이고 구체적인 내 아버지이시기 때문이다

2부 — 살아내는 믿음

5장

믿음으로
산다는 것

눈에 보이지 않는 믿음으로
눈에 보이는 세상을 살아가려 하지만
자주 눈에 보이는 세상을 영원한 것처럼 착각한다.
영원의 시간 앞에 오늘을 두면 자칫 회의론자가 될 수 있지만,
그럼에도 내 고민과 갈등의 상당 부분은 힘을 잃는다.

영원의 시간 앞에
오늘을 두면?

나는 20대 중반에 이런 기도를 드렸다.

'세상의 온갖 감정을 경험하고 이해할 수 있는 사람이 되게 해주세요.'

그렇게 기도한 덕분인지 지금껏 정말 다양한 경험을 했다. 그로 인해 기쁘고 힘들고 곤욕스러웠다. 기도해서 얻은 감정 이라고 그것이 가짜는 아니기 때문이다.

군대에서는 비상식적일 만큼 나를 괴롭히는 한 사람을 만 났다(나중에 그는 성경에서 따온 내 이름이 마음에 들지 않아서 오랫동안 괴롭혔다고 고백했다). 나는 괴로운 마음으로 밤마다 울면서 기도했다. 3개월이 넘도록 기도했지만 상황은 변하지 않았다. 하지만 그동안 내 기도의 내용이 바뀌었다.

'하나님, 제게 솜이불 같은 마음을 허락해주세요. 그래서 커다란 돌이 날아와도 소리 없이 받아낼 수 있게 해주세요.'

그 시간이 너무 괴롭고 힘들었지만 내 마음을 두고 기도한 이 경험은 누군가를 위로할 수 있는 근거가 되었다. 기도하기 전에는 알 수 없는 것들이 있다. 하지만 기도하면 달라진다. 가장 먼저는 내 마음과 생각이 주님께로 옮겨진다.

공회에서 제자들을 변호했던 가말리엘은 "만일 그들의 계획이나 활동이 하나님에게서 난 것이면 우리는 하나님을 대적하는 사람이 될 것이다"라고 말했다(행 5:38,39). '내 뜻이 곧 하나님의 뜻'이라고 말할 때 꼭 기억해야 할 것이 있다. 내 뜻이 하나님의 뜻이 아닐 수 있으며, 내 반대편에 선 사람의 뜻이 하나님의 뜻일 수 있다.

그래서 내가 괴롭힘을 당한 시간 속에 하나님의 뜻이 숨겨져 있을지도 모른다고 믿었다. 나를 힘들게 한 이는 한참의 시간이 흐른 후에 극적으로 예수님을 믿었고, 나중에 선교단체에 들어갔다.

압살롬의 반역을 피해 도망하던 다윗에게 시므이는 돌을

던지며 저주했다. 그 상황에서 다윗은 화가 난 부하들을 진정시키며 말했다.

"그를 내버려두어라. 그를 통해 하나님이 내게 말씀하시는지도 모른다. 하지만 이 상황이 내게 억울하다면 하나님이 갚으실 것이다."

다윗은 이해되지 않는 상황에서도 원수 갚음이 하나님께 속했다고 고백하며 주님의 주권을 인정했다.

언젠가 나는 주님과 온 도시를 내려다보며 비행하는 꿈을 꾸었다. 위에서 내려다본 불빛의 반짝임은 아름다웠지만 영원하지 않았고, 영원하다고 여긴 것은 주님의 품이었다. 다른 무엇과도 바꾸고 싶지 않은 기쁨이었다.

눈에 보이지 않는 믿음으로 눈에 보이는 세상을 살아가려 하지만, 자주 눈에 보이는 세상을 영원한 것처럼 착각한다. 영원의 시간 앞에 오늘을 두면 자칫 회의론자가 될 수 있지만, 그럼에도 내 고민과 갈등의 상당 부분은 힘을 잃는다.

영원의 시간 앞에 오늘을 두면 전혀 다른 고민과 갈등이 시작된다. 영원한 것과 영원하지 않은 것은 결국 죽음으로 구분될 것이다. 영원하지 않은 이 땅에서의 삶이 실제적인 것 같지만 막상 죽음 이후의 삶에서는 부자가 음부에서 간절히 원했던 바, '혀를 서늘하게 해줄 물 한 방울'이 더 실제적으로 절실하겠다는 생각이 들었다(눅 16:24).

이런 맥락 속에서 부자와 나사로는 죽음과 동시에 운명이 역전되었다. 도울 수 있었지만 돕지 않았던 세계는 죽음 이후에는 돕고 싶어도 도울 수 없는 세계로 구분되었고, 음부에서 영원히 고통을 당하는 부자와 천국에서 영원히 안식하는 나사로로 나뉘었다.

> 죽은 사람들 가운데서 누가 살아나서 그들에게로 가야만,
> 그들이 회개할 것입니다.
>
> 눅 16:30, 새번역

남은 가족들을 향한 부자의 간절한 요청을 성경은 단호하게 거절한다.

> 그들이 모세와 예언자들의 말을 듣지 않는다면,
> 죽은 사람들 가운데서 누가 살아난다고 해도,
> 그들은 믿지 않을 것이다.
>
> 눅 16:31, 새번역

사람들은 눈에 보여주면 믿겠다고, 손에 쥐여주면 변하겠다고 말한다. 하지만 안타깝게도 기적으로 사람이 바뀌지 않

는다. 이스라엘 백성들은 40년간 구름기둥과 불기둥으로 주님의 인도함을 받았지만, 그분의 인도하심을 믿지 못해 불평했다. 아합 왕과 이세벨도 가까이에서 주님의 일하심을 지켜보았지만 변하지 않았고, 예수님을 가장 가까이서 지켜보았던 자들이 예수님을 은 삼십에 팔고 십자가에 달아 올렸다.

오늘 내게 필요한 것은 놀랄 만큼 특별한 기적이 아니라 영원 앞에 오늘을 살아갈 믿음과 말씀이다. 하나님의 목적은 우리에게 놀라운 기도 응답이나 기적을 보이시는 것 자체가 아니다. 또한 이 일을 통해 우리를 승리로만 이끄시려는 것도 아니다. 그분의 목적은 다른 데 있다.

이스라엘 백성들은 죄악을 범한 그들의 형제 베냐민과 전쟁을 했다. 40만 명의 이스라엘 대 2만 6천여 명의 베냐민의 싸움에서 수적으로 우월했던 이스라엘은 승리를 낙관했다. 하지만 두 번의 싸움에서 자그마치 4만 명의 군사를 잃고 패배했다.

여기서 중요한 것은 전투를 벌이기 전에 그들이 기도했고, 그 기도에 하나님께서 응답하셨다는 데 있다. 그러나 그들은 전쟁에서 처참하게 패배했다. 자신들의 결정이 옳다고 여긴 이스라엘에게 하나님이 말씀하셨고, 그들은 순종했지만 고통스러운 패배를 맛보았다. 하지만 이를 통해 이스라엘은 기도를 바꾸었다.

뜻을 이미 정해놓고 하나님께 허락을 구하던 이스라엘이 나중에는 자신들의 뜻 자체가 맞는지를 놓고 하나님께 질문한다. 그들은 전쟁을 통해 겸손을 얻었고, 아픔으로 울며 금식했다(삿 20:26).

하나님이 우리에게 원하시는 건 우리가 하는 일의 무조건적인 성공이 아니다. 하나님은 베냐민의 죄악을 심판할 뿐 아니라, 심판의 도구로 사용한 이스라엘도 다루기 원하셨다. 그들이 영적 무능함과 의로움에 대한 혼란, 형제와의 전쟁에 대한 아픔의 깊이를 깨닫고 애통하기를 원하셨다.

지금 우리에게도 손가락질 당하는 교회를 향한 혼란스러움과 아픔과 고통이 있지 않은가? 우리가 당하는 이런저런 아픔에는 우리를 향해 말씀하시는 아버지의 마음이 담겨있을지 모른다.

평범하고 일상적인 삶에
문 두드리신다

나는 우리 인생에 하나님이 외형적으로 대단하고 특별한 형태로 찾아오셔야만 응답이라고 생각하지 않는다. 그동안 하나님이 주신 마음을 따라 사진작가가 되었고, 그분의 나라와 의를 꿈꾸며 걸었고, 그 가운데 주님의 일하심을 목도했다. 하지만 모든 이들이 급진적이고 예측 불가한 삶을 추구해야 한다고 생각하지 않는다.

나는 '사역자'라는 호칭이 부담스럽다. 사역자가 아니라 그리스도인으로 살아간다고 믿는다. 사역자여서 떠안아야 할 삶이 아니라 그리스도인으로서 우리 안에 계신 성령님의 인도하심을 따라 사는 삶 말이다.

성령을 따라 사는 인생이 꼭 일반적이지 않은 건 아니다. 바울은 좋은 종대로, 상전은 상전대로 각자의 삶에서 주님이 주신 마음을 따라 살아갈 것을 말한다(엡 6:6-9). 내 인생이 다른 이에 비해 지극히 평범하다며 일반적인 삶에서 벗어나는 것을 성경은 지지하지 않는다.

우리는 평범하고 일상적인 삶 속에서 문 두드리시는 주님의 음성을 들어야 한다. 흔하고 반복되는 일상 속에서 잠잠히 귀 기울여야 한다. 내가 할 수 없는 일들을 내다보고 따라하거나 부러워하는 대신에 주님이 주신 은사대로, 주신 마음대로 하나님나라를 세워가는 것을 그분은 기뻐하신다.

열등감은 우리의 세속적이고 자기중심적인 가치관 때문이지 결코 주님의 가치 기준이 아니다. 성경의 전반에 고아와 과부의 이야기가 가득하다. 구약의 저편에서부터 가까이에는 일곱 집사가 세워지는 순간과 도르가에 이르기까지 주님이 중요하게 생각하는 가치들에 중요한 요소로 존재한다.

누가는 선교 역사의 구심점으로 활동한 사람들, 곧 베드로 나 사울과 같은 사도들을 중심으로 누가복음과 사도행전을 서술했다. 그러면서도 여선지자 안나, 주목받지 못하던 들판 의 목자들, 세리장 삭개오, 도르가와 같은 이들의 이야기를 기록함으로써 놓칠 수 있는 하나님 아버지의 마음을 건져 올 린다.

도르가는 과부들을 위한 옷을 지었다. 그가 죽었을 때 과부 들은 그 옷을 가지고 와서 베드로 앞에 내어보였다(행 9:39). 이 본문을 묵상하며 나는 주님의 마음을 상상해봤다. 주님이 그녀를 향해 웃으며 이렇게 말씀하시지 않았을까?

"도르가는 옷을 잘 지었구나. 너는 그 일을 통해 내 일을 한 거란다. 과부들을 위해 만든 옷깃의 리본과 패턴이 참 아름답 구나. 네 솜씨를 보고 내가 웃는단다. 왜냐하면 너는 내 형상 대로 지음 받았기 때문이야. 내가 세상을 만들던 솜씨의 부분 부분이 네게 녹아있구나."

때로는 역사적인 사건으로 많은 사람이 주님께 돌아오고, 바울과 같은 주님의 그릇이 역사 속에서 크게 일하기도 하지 만, 많은 경우에 눈에 보이지 않는 작은 자리에서 하나님나라 가 만들어진다. 그 나라를 물량 공격으로 이해하면 우리는 일 상 속 거룩함, 주님의 백성들의 삶을 놓쳐버린다.

주님이 우리의 중심이 되어야지 사역이 중심이 되어서는 안 된다. 그분이 우리에게 말씀하시면 물 가운데나 불 가운데 라도 걸어가야 하지만, 동시에 그분이 내게 말씀하시는 것에 가만히 귀 기울이거나 아무 명분 없어 보이는 일들을 위해서 도 수고해야 한다. 또한 이유를 알지 못하는 시간 동안 주님께 물으며 기다리는 것을 배워야 한다.

내 경험들을 청년들과 나눌 때 무엇보다 고민이 되는 지점 은 그것을 똑같이 적용할 수 없다는 데 있다. 하나님이 내게 이렇게 일하셨다고 해서 그들이 똑같이 적용하여 같은 결과 를 얻으리라는 보장이 없다.

나는 보통 강의할 때 모든 이야기를 세세하게 풀어내는 것 이 아니라 큰 주제를 묶어서 말한다. 그래서 듣는 사람들은 강 의에서 미처 다루지 못한 수많은 시행착오를 다 알지 못한다. 주님과의 사귐에 소모적이고 실용적이지 않은 시간들이 필요 하다는 사실 또한 알지 못한다.

주님은 지금도 일하시며 우리 각자에게 그분의 뜻과 계획 을 가지고 계신다. 나는 먼저 그의 나라와 의를 구하면 하나님 이 나를 먹이시고 기르신다고 믿었지만 그 약속을 믿고 이 땅 에서 살기 위해서는 수많은 시행착오를 겪어야 했다.

나는 살다가 가끔 두려운 마음이 들면 멈춰 서서 하늘을 바 라봤다. 그리고 여러 선택 앞에서 고민하고 결정했다. 며칠 전에도 도움을 요청하는 연락들이 왔다. 몇 건은 거절하고, 몇 건은 도와준다고 말했다.

도와준다는 말이 뭐가 어려워서 거절하느냐고 물으면 딱히 할 말이 없지만, 그 시간을 비워야 할 뿐 아니라 나머지 빈 시간은 그 시간을 갚으며 현실을 살아야 한다.

인생으로
장난치는 건 아닐까?

희철이는 뇌병변 장애 1급에 수술 후유증으로 파킨슨병까지 앓고 있다. 게다가 어머니도 암 수술을 몇 차례나 치렀다. 그들의 사정은 들여다볼수록 딱하다.

첫아들이 고3 때 사고로 죽고, 뒤늦게 둘째 희철이가 태어났지만 열경련으로 심한 장애를 갖게 되었다. 이를 비관하던 아버지도 일찍 하늘나라로 떠나버렸다. 누구도 도울 사람이 없어 보이는 그들은 서로를 의지해 살아갔다. 어머니는 아들보다 하루를 더 사는 것이 소원이라고 했다.

나는 그들을 돕고 싶다고 기도했고, 돕기 위해 뛰어다녔다. 사회복지사는 선한 일을 하고 월급을 받지만, 나는 내 비용과 시간을 쓰고 생계를 고민해야 했다. 하지만 이렇게 시간을 보낸 이유 또한 말씀 때문이었다.

고아와 과부를 살피는 일이, 가장 작은 이에게 한 것이 곧 예수께 하는 것과 같다면, 하나님나라와 의를 구하는 일이라면 주님이 나를 책임지실 거라고 믿었다.

물론 구제와 현실, 삶과 믿음, 둘 사이에 직접적인 연관이 없지만 그 중심에 하나님이 계신다. 그분이 약속을 보증하신다. 이런 고민을 품고 함께했던 시간 덕분에 희철이네 가족에게 실제적인 도움을 줄 수 있었다.

희철이는 여러 차례의 수술을 무사히 치르고, 위기를 잘 넘겼다. 그리고 장애인 운동경기인 보치아boccia 대회에 출전하게 되어 새로운 희망을 품고 살고 있다. 그러나 나는 가끔 스스로에게 묻는다.

'내 인생을 가지고 장난치는 건 아닐까?'

나는 여전히 평범한 하루 앞에서 낙담하거나 한없이 절망에 빠진다. 하지만 정말 아무렇지도 않게, 기쁨으로 가득했던 날도 셀 수 없을 만큼 많다.

이스라엘의 제사장들로 구성된 사두개인들은 모세오경만을 인정했고, 부활이나 영적 존재를 믿지 않았다. 자신들의 안정적인 사회적 지위 때문에 더욱 그랬는지도 모른다. 부활을 믿으면 사회구조적인 개혁의 위험성을 품어야 할지도 모르기 때문이다. 그래서 예수께 결혼과 대를 잇는 상황을, 부활이 존재하지 않음을 전제로 질문했다. 하지만 예수님은 이 땅에서의 질서와 하나님나라에서의 질서가 전혀 다름을 말씀하셨다(눅 20:27-38).

인간적인 논리와 이해로는 가늠되지 않는 그 나라의 이야기. 영생이 그저 죽지 않는 영원한 인생의 연장이라면 얼마나 지루하고 슬플까? 나는 지금껏 얼마간 변화하고 개혁한다고 해서 웃을 수 없는 사람들을 많이 봐왔다.

내가 만난 사람들에게 예수님은 그저 좋은 분이어서는 안 됐다. 그분이 아니면 살 수 없는 사람들이 많았기 때문이다. 그 나라는 주님과 끊임없는 사귐이 있는 나라, 숨 쉴 수 있고 흐르는 눈물을 닦고 웃을 수 있는 주님의 통치가 있는 나라다.

사두개인이 인정하는 모세오경에서, 모세는 하나님을 "아브라함의 하나님, 이삭의 하나님, 야곱의 하나님"이라고 부른다(눅 20:37; 출 3:6). 죽은 사람의 하나님이 아니라 죽었지만 여전히 살아서 부활의 때를 기다리며 주님의 품에서 살아가는 이들의 하나님이시기 때문이다.

"하나님에게는 모든 사람이 살았느니라"(눅 20:38).

나는 여전히 살아있는 그들에게 약속하신 언약이 유효하다고 믿고, 2천 년이 지난 지금도 신실하게 약속을 성취하시는 하나님을 믿는다. 부활을 부정하면 사두개인처럼 현세적이 되어야 마땅하겠지만, 정말 부활을 믿는다면 어떻게 살아야 할지 묻게 된다. 아마도 이 땅의 삶이 전부인 것처럼 살지는 않을 것이다.

끊임없이 흔들리는 삶은 주님을 바라보게 한다. 그래서 멈춰 서서 오늘의 하늘을 바라본다.

어제처럼 내일도
주님은 신실하실까?

'나는 지금 내 인생을 두고 장난치는 것은 아닐까?'

다시 질문한다. 당장 앞이 보이지 않는 막막한 상태에서 판단력이 흐려질 만큼 괜찮은 조건의 제의를 받을 때마다 기도해보겠다는 말로 한 발 물러선다. 곁에 있던 사람이 좋은 기회를 왜 붙잡지 않느냐고 안달한 적도 있다.

'정말 복된 땅은 주기적으로 범람하는 나일강을 끼고 있는 애굽이 아닐까?'

하나님은 가나안을 '젖과 꿀이 흐르는 땅'이라고 말씀하셨지만, 실제로 그 땅은 하늘만을 바라봐야 하는 곳이었다. 하나님을 끊임없이 바라보는 것, 그분이 나를 먹이시고 기르신다는 약속을 믿는 것은 아무것도 하지 않고 그저 하늘에서 만나

110

가 떨어지길 기다린다는 말이 아니다.

날마다 수고하면서 내 힘으로 먹고 살아가는 것 같지만 시간이 지나서 돌아보면 모두 주님의 은혜임을 알게 된다는 말과 가깝다.

나는 대부분 자비량으로 움직이기 때문에 돈을 받을 수 있는 곳에서 최대한 돈을 만들고, 그렇지 않은 곳에서는 돈과 시간을 사용해서 움직인다. 그런데 넉넉하지 않을 뿐 아니라 막막한 상황을 수없이 만났다.

믿음의 실험을 하면서 앞이 보이지 않는 막다른 길 끝에 서 있을 때면 내일도 여전히 일하실 주님을 신뢰하기가 얼마나 두려운지 모른다. 이 말은 '지금까지 인도해주신 하나님은 신뢰하지만, 그 하나님이 내일도 동일하게 나를 이끄실지는 의문'이라는 말과 같다.

성경 속 누구도 이 질문에 명확한 답을 가진 사람은 없었다. 명확한 미래를 알고 산 사람 또한 없었다. 아브라함, 야곱, 요셉, 모세, 다윗이 그랬다. 선지자 중에 가장 큰 자라는 세례 요한은 옳은 말을 했다가 감옥에 갇혔다.

"당신이 오실 그이입니까?"

옥중에 갇혀 살 날이 얼마 남지 않은 세례 요한의 질문에 예수님은 "나로 인하여 실족하지 않는 이가 복이 있다"라고 대답하셨다(눅 7:18-23).

많은 사람들이 하나님을 사랑한다며 선 길 위에서 똑같은 질문을 그분께 던진다.

"당신의 뜻이 과연 이것입니까?"

이 질문은 얼마나 절박한가.

'나는 하나님이 기뻐하시는 삶에 서고 싶은데 전혀 실용적이지 않은 억울한 죽음을 당하는 것이 합당합니까?'

짧은 시간 동안 가장 극심한 환란에 처했던 욥의 경우도 마찬가지였다. 그가 자신을 둘러싼 친구들과 벌인 논쟁의 대부분은 '이 환란이 어디서 비롯되었는가'였다. 하지만 후에 욥은 이렇게 고백한다.

"내가 가는 길을 그가 아시나니 그가 나를 단련하신 후에는 내가 순금같이 되어 나오리라"(욥 23:10).

우리가 가는 길을 우리는 알지 못한다. 하지만 선한 목자이신 주님이 그 길을 아신다는 것은 얼마나 복된가? 나는 내 가는 길을 알지 못하지만 주님이 알고 계시기에, 내가 이해하지 못하는 시간에 주님으로 말미암아 실족하지 않으면 복이 있다.

17세의 요셉은 꿈의 의미도 모른 채 꿈을 받았고, 장차 만백성을 구원할 총리로 계획되었다. 그러나 종살이도 모자라 강간범으로 몰려 감옥행으로 이어지는 불운이 계속되었다. 끝이 보이지 않는 캄캄한 터널은 우리의 시각에서는 절망적인 인생이다. 하지만 하나님은 이렇게 말씀하신다.

> 그가 또 그 땅에 기근이 들게 하사
>
> 그들이 의지하고 있는 양식을 다 끊으셨도다
>
> 그가 한 사람을 앞서 보내셨음이여 요셉이 종으로 팔렸도다…
>
> 곧 여호와의 말씀이 응할 때까지라
>
> 그의 말씀이 그를 단련하였도다
>
> 시 105:16-19

우리를 통해 그리고자 하는 하나님의 그림이 있다. 다 이해할 수 없지만 그분은 창세전에 우리를 택하사 우리로 사랑 안에서 거룩하고 흠이 없게 하시려고 그 기쁘신 뜻대로 우리를 예정하사 예수 그리스도로 말미암아 자기의 아들들이 되게 하셨다(엡 1:4,5).

고난 뒤에 감추어진 하나님의 주된 마음은 '사랑'이다. 내게 아픔과 고난이 없었다면 내 눈이 하나님을 바라볼 수 있었을까? 수없이 기도하며 주님께 부르짖었을까? 그럼에도 불구하고 막막함과 불확실성 가운데서 나도 믿음의 선배들처럼 주님께 물었다.

'주님, 언제까지 이런 방식으로 걸어갈 수 있을까요?'

하나님은 내게 말씀하셨다.

'네가 두려워하는 것을 두려워하지 말라.'

하나님이 말씀하시면 인생에서 만나는 여러 고통까지도 순응하게 된다. 어린 예수님에게 정결예식을 행하기 위해 마리아가 성전에 올랐을 때 노선지자 시므온이 말했다.

"칼이 네 마음을 찌르듯 하리니"(눅 2:35).

이 말을 듣고 마리아는 어떤 생각을 했을까? 그녀는 이 말을 마음에 두고 필요할 때마다 떠올렸을지 모른다. 헤롯의 위협 앞에서 도망하고, 사회종교 지도자들에게 위협당하고, 결국 가장 고통스런 죽음을 맞이하는 아들의 모습을 바라보던 어미 마리아의 마음은 어떠했을까? 예리한 칼로 마음을 이리저리 찌르는 고통을 느끼지 않았을까? 그녀의 고통 앞에 찾아와서 주님이 들려주신 말씀은 "칼이 네 마음을 찌르듯 하리니"였다.

주님이 부재한 것 같은 이 시간은 동시에 주님의 물샐틈없는 계획 안에 흘러가고 있었다. 주님의 뜻, 주권, 계획 안에 있다는 믿음이 그녀를 숨 쉬게 하지 않았을까?

'알 수 없는 인생, 주님, 말씀해주세요.'

나는 잠을 자다가 깜짝 놀라 깨어나곤 한다.

'지난 시간, 선택, 살아온 과정들이 너무 부끄럽습니다. 오늘 제 인생에 다시 주님을 초대합니다. 계속된 인생의 질문들

을 오늘 또 묻습니다. 주님, 가르쳐주세요. 말씀해주세요. 인
도해주세요.'

살아가며 쉼 없이 두려움을 만나지만 그때마다 이 약속을
기억한다.

'네가 두려워하는 것을 두려워하지 말라.'

두려워할 만한 모든 목록을 열거해보면 진정 두려워해야
할 분은 주님임을 깨닫는다. 그 주님 앞에 온전히 서 있으면
두려움은 차차 옅어진다.

너희는 이 백성이 모의하는 음모에 가담하지 말아라.

그들이 두려워하는 것을 두려워하지 말며, 무서워하지도 말아라.

너희는 만군의 주 그분만을 거룩하다고 하여라.

그분만이 너희가 두려워할 분이시고,

그분만이 너희가 무서워할 분이시다.

사 8:12,13, 새번역

6장

어둠 속에서
빛을 구하다

주님이 그렇게 하셨기에
나도 이제 용서해야만 한다.
주님의 은혜의 빛이 비치면,
오늘은 어제와 전혀 다른 새로운 아침이 되기 때문이다.

인생에
등불을 밝히신다

2008년 다큐멘터리 촬영을 위해 중동에 갔을 때였다. 뜨거운 햇살을 피해 카메라를 잠시 내려놓고 카페에 몸을 숨겼다. 그러다 뜻하지 않게 그곳에서 대기업 임원과 논쟁을 벌이게 되었다. '돈이 인생 최고의 가치'라고 말하는 그에게 나는 함께한 동생들의 입장을 대변해야만 했다. 그렇지 않으면 말 그대로 우리는 루저loser가 될 판이었다.

동생들은 여러 가지 대단한 프로젝트를 담당했고, 꽤 능력이 있었다. 그럼에도 가치 있다고 생각하는 일을 위해 자신의 시간과 능력을 드리고 있었다. 논쟁은 서로의 입장 차이만 확인하고 싱겁게 끝났다.

다시 뜨거운 햇살 아래서 카메라를 들었다. 할 말을 다 한 것 같은데 마음이 불편했다. 하나님나라를 위해 힘쓰고 수고한다고 말한 것이 잘못일까? 종일 그 답을 찾지 못하다가 숙소로 들어와서 주님 앞에 무릎을 꿇었을 때 비로소 알았다.

능력 있고 대단한 사람이 모든 것을 포기하고 하나님나라를 위해서 희생한 것인가? 아니다. 아무것도 할 수 없던 한 사람에게 주님이 기름부으시고 그분의 잔치에 초대해주셨다. 나는 누구인가?

초등학교 4학년 때, 처음으로 엄마에게 혼났다. 나는 친구와 장난치다가 친구의 프로스펙스 점퍼 주머니를 찢었다. 친구의 엄마가 화난 표정으로 부모님이 일하던 정육점으로 찾아왔다.

"도대체 애를 어떻게 교육시켰기에!"

나는 한번도 엄마를, 정육점을 부끄러워한 적이 없었는데 그날 엄마도, 정육점도 철저하게 무시당했다. 엄마는 우산 끝으로 나를 밀며 혼냈다. 그리고 친구 엄마는 옷값 4만 3천 원을 받아갔다. 나는 도무지 이해할 수 없었다.

'사람이 돈 때문에 이렇게 무시당할 수도 있구나.'

그때부터 돈을 모았다. 설날에 세뱃돈을 받으면 남몰래 차곡차곡 모았다. 만일 다음에 이런 일이 또 생긴다면 엄마에게 찾아온 기세등등한 아주머니에게 돈을 내밀며 이렇게 말할 거라고 상상했다.

"죄송했습니다. 이 돈을 받아가세요. 하지만 돈으로 우리를 모욕하지 마세요. 우리의 존재가 돈보다 더 소중합니다. 돈 받으려고 존재를 모욕하지 마세요."

긴 시간 동안 돈을 모았는데 그 이후로 그런 일은 당하지 않았다. 대신 그 돈으로 첫 카메라를 샀다. 나중에 사진작가가 되어야겠다는 다짐 따위는 없었다. 내가 모은 돈으로 구입한 첫 카메라가 그저 좋아서 산과 해변, 여러 골목을 다니며 사진을 찍었고, 미처 생각하지 못했던 길로 들어서게 되었다.

거기엔 이해할 수 없는 상황 속에서 나름대로 문제를 해결하기 위해 내가 취한 행동과 과정과 시간이 있었다. 마흔이 넘어 돌아보니 아무것도 아닌 시간은 없었다. 우리의 일상에 주님의 숨결이 묻어있었다.

그때는 인생의 보험처럼 모은 돈으로 두려움을 밀어낼 수 있었지만, 지금은 주님으로 두려움을 밀어내야 한다.

'네가 두려워하는 것을 두려워하는 대신, 이제는 내게 기대어라.'

주님이 말씀하셨다. 내가 하나님을 위해 무언가 희생한다는 말은 아무리 생각해도 정답이 아니다. 아무것도 할 수 없는 변방의 막내를 내가 알지 못하는 시간부터 주목하셔서 주님의 잔치에 초대해주셨다. 희생이 아니라 감사가 정답이다.

이스라엘의 위대한 지도자였던 선지자 사무엘이 다윗의 동네에 찾아온 날, 온 동네가 떠들썩하게 잔치를 벌였지만 다윗은 초대받지 못한, 들판에서 양을 지키는 막내였다. 꿈도 없고, 미래도 보이지 않는 그를 하나님은 주목하셨다.

> 주께서 나의 등불을 켜심이여
> 여호와 내 하나님이 내 흑암을 밝히시리이다
>
> 시 18:28

아무도 알아주지 않던 다윗의 인생에 주님이 찾아오셔서 등불을 밝히셨다.

> 사람은 외모를 보거니와 나 여호와는 중심을 보느니라…
> 여호와께서 이르시되
> 이가 그니 일어나 기름을 부으라
>
> 삼상 16:7,12

스스로도 알지 못했던 그의 인생의 계획을 주님이 알고 계셨다.

괜찮아,
내가 깨끗하게 씻어줄게

프로젝트를 하나 마치고 컴퓨터에 너저분하게 늘어놓았던 원고와 사진 자료 폴더를 정리하다가 곰 인형 사진을 발견했다. 순간 마음에 감동이 있었다.

다음 날 1천여 명이 모이는 청년 컨퍼런스의 강사로 초대받은 터였다. 청중이 많아서 미리 준비해놓았던 원고를 덮기가 부담스러웠지만 전날의 선명했던 기억이 주님이 주시는 감동이라 생각하고 원고에 손을 얹고 기도했다.

'주님, 제가 준비한 원고보다 주님이 청년들에게 나누길 원하시는 것을 말하겠습니다.'

그리고 나는 청년들에게 곰 인형 이야기를 시작했다.

딸 온유가 아끼던 곰 인형이 있었다. 어디든 함께했고, 곰 인형에게 누군가 위해를 가하면 아이의 표정이 달라질 정도로 아꼈다. 한번은 친척 할머니가 인형에 커피 얼룩을 묻혔다.

딸은 인형을 끌어안고 울다가 욕실로 갖고 가서 씻겨주며 말했다.

"괜찮니? 많이 놀랐지? 내가 깨끗하게 씻어줄게."

대단할 것 없는 인형이었다. 발렌타인데이 초콜릿에 붙어 나온 사은품이었다. 접착제를 떼어냈더니 인형의 등이 뜯겨나갈 정도로 불량한 상태였지만 온유에게는 아무 문제가 되지 않았다.

다른 장난감과 달리 '아이'라는 이름도 지어주었다. 아이는 대단할 것 없는 자신을 보고 부끄럽고 더럽다고 말할지 모르지만 아이의 주인은 개의치 않았다.

"너는 내게 너무 소중한 아이야."

곰 인형 이야기는 주님이 흘리신 보혈로 향했다. 우리는 부끄럽게 살아온 시간 앞에 부족하다고, 실패했다고, 이제 모든 게 끝났다고 말한다. 청년의 뜨거운 혈기와 미디어에서 말하는 잘못된 사랑으로 인해 자신을 더럽히고, 한없이 부끄러워하지만 주님은 당신의 보혈을 말씀하신다.

내 인생의 그림이 부끄러워 새로운 그림을 그리고 싶다고 주님께 말씀드린 적이 있다. 사실 지난 그림들을 수정액으로 지워보려 애썼다. 그 결과 더욱 너절해진 인생의 그림을 주님께 보여드리며 다시 그리고 싶다고 말씀드렸다.

마치 고등학교를 졸업한 다음에 '다시 공부를 시작한다면,

수능시험을 다시 치를 수 있다면' 하고 후회하는 것처럼 말이다. 그런데 주님은 새로운 그림을 그릴 수 있다고 말씀하셨다. 그것도 전혀 더럽혀지지 않은 캔버스 위에 새로운 인생처럼 살아갈 수 있다고.

그러면서 당신의 보혈을 말씀하셨다. 부족한 우리 인생을 보혈로 덮을 때 사람들은 여전히 편견 가득한 눈으로 바라볼지 모르지만 주님은 우리를 향해 매일 새로운 말씀을 들려주겠다고 약속하셨다.

내일을
걱정하지 마

사진교실을 통해 진로에 대한 상담, 결혼과 육아에 대한 강의를 하며 나는 다양한 직종과 연령의 사람들을 만났다. 그들과 이야기하다 보면 안타까운 마음이 들 때가 있다.

그들의 고민에 대한 솔루션을 말해주는 것보다 훨씬 더 중요한 문제가 있음을 알았다. 미래를 헤쳐 나갈 방법을 알아도, 문제를 어떻게 풀어야 할지 알아도 스스로 '자격 없는 자'라며 자신을 용서하지 못해서 아무것도 하지 못하는 사람들이 많았다.

나도 내가 하고 있는 일에 대한 능력이나 자격은 둘째 치고 무엇보다 자신감이 없었다. 언젠가 촬영 때문에 사람들과 함께 외국에 가는데, 그들이 가지고 온 카메라가 내 것과는 비교도 되지 않았다.

사진작가인 내가 가진 카메라는 작고 초라한 반면, 그들이 취미를 위해 가지고 있는 장비들은 대단했다. 비싼 장비일수록 해상력이 좋을 수밖에 없는 것을 알기에 나는 잔뜩 주눅이 들었다. 그런데 비행기 안에서 10여 년 전의 기억이 떠올랐다.

당시 누군가의 음반 재킷 촬영을 맡았다. 그때도 지금처럼 주눅이 들어있었다. 보다 좋은 질의 사진을 위해 장비 업그레이드가 필요했지만 형편상 불가능했다. 그래서 더욱 힘이 빠졌고, 낙심했다.

그런데 촬영 전날에 비가 억수같이 쏟아졌다. 촬영을 미뤄야 할 것 같아 차라리 다행이라고 생각했다. 그날 밤, 두려운 마음으로 기도했을 때 하나님은 내 마음에 말씀하셨다.

'네가 사진을 찍는 것 자체가 기적이잖니?'

그렇다. 나는 색약이라 선생님이 되지 못했다. 교사에게 색약이 얼마나 큰 장애가 될지는 모르겠지만 사진을 찍는 데는 그보다 더 방해가 될 것이 분명했다.

그럼에도 나는 사진작가가 되어 일하고 있다. 무책임한 이야기일 수 있지만, 내가 찍은 사진이 온통 새빨갛게 나온다고 해도 난 할 말이 없다. 경험과 시간이 쌓이면서 알게 되었다. 사진을 찍는 사람에게 색은 무척 중요하지만, 그것이 전부가 아니라는 것을.

그렇게 내가 사진 찍는 일은 은혜의 범주에 속했다. '네가 사진 찍는 것 자체가 기적'이라는 하나님 말씀은 곧 내가 어떤 존재인지를 의미했다. 또한 절대 잊을 수 없는 말씀도 덧붙이셨다.

'내일을 걱정하지 마. 내가 네 조명이 되어줄게.'

나는 가장 좋은 사진을 찍을 수 있을 것 같았다. 이 세상 그 어떤 값진 조명을 사용한다고 해도 하나님보다 더 좋은 조명이 되어줄 수 있을까?

모든 상황과 조건은 같았지만 내 마음은 두둥실 하늘을 떠올랐다. 하나님이 내게 은혜를 베푸시면 나는 살 수 있었다. 기도를 마치고 촬영할 대상에게 메시지를 보냈다.

'이 비는 내일이면 그칠 거예요. 가장 좋은 촬영이 될 것입니다.'

다음 날, 우리는 시원하고 맑은 날씨 덕분에 멋진 촬영을 할 수 있었다.

비행기 안에서 하나님이 10년 전 이 일을 다시 생각나게 하신 이유는 무엇일까? 부족한 재능을 탓하고 더 좋은 장비를 가질 수 없어서 원망하는 대신에 내가 어떤 사람인지, 그리고 하나님은 어떤 분이신지를 생각하라는 뜻이었다.

왕이 된 후에
그 시간이 부끄럽지 않아야 한다

앞에서 말한 것처럼 풀기 힘든 문제 앞에서 하나님은 문제를 횡으로 펼치는 대신 종으로 줄 세우라고 말씀하셨다. 그러면 내 앞의 문제는 단 하나밖에 없는 거라고. 그런데 이 문제에서도 마찬가지였다.

누군가와 횡으로 비교하면 나는 우월감 또는 열등감을 갖게 된다. 횡으로 비교하면 내가 수고하는 동안 더 많이 소유한 사람들 앞에서 한없이 초라해지기 마련이다. 이를 악물고 다짐해도 매번 제자리걸음만 하는 자신이 부끄럽다.

하지만 주님은 누군가와 횡으로 비교하는 대신 종으로 나 자신을 보라고 하셨다. 그렇게 내가 지나온 시간을 돌아보면 은혜를 알게 된다.

우리가 애굽에 있을 때에는 값없이 생선과 오이와
참외와 부추와 파와 마늘들을 먹은 것이 생각나거늘
이제는 우리의 기력이 다하여 이 만나 외에는

보이는 것이 아무것도 없도다 하니

민 11:5,6

값없이 받은 은혜, 만나를 주신 것을 불평할 뿐더러 애굽에서 고난당하던 때를 향수하고 생선과 마늘을 그리워하는 이스라엘 백성의 말을 듣다 보면 내 마음을 들킨 것처럼 부끄러워진다.

"이 만나 외에는 보이는 것이 아무것도 없도다."

보이는 게 과연 아무것도 없는지 돌아본다. 내 모든 걸음에 주님의 은혜가 있었다. 그분의 뜻과 계획이 있었다. 아버지의 사랑이 있었다. 내가 어떤 존재였는지 알면 감사할 수밖에 없고, 하나님의 영광 앞에 서면 소망할 수밖에 없다.

세상에서는 누군가 앞서간다 싶으면 사람들이 그를 질투하여 끌어내리려 한다. 왜냐하면 세상나라는 재화가 한정되어 있기 때문이다. 누군가 앞서가면 누군가는 뒤처지기 마련이기에 조바심을 내고 투기한다. 그래서 남들보다 우위에 서려면 더 좋은 장비와 스펙을 지녀야만 안심할 수 있다.

하지만 하나님나라는 그렇지 않다. 누군가 앞서가면 손뼉 치고 응원해도 괜찮다. 왜냐하면 그가 앞서간다고 내가 뒤처지는 게 아니기 때문이다. 소위 '총량 보존의 법칙'이라는 게 존재하지도 않고, 누군가 상급을 받는다고 해서 다른 사람이 상급을 위협받지도 않는다.

세상나라처럼 재화가 한정되지도 않을 뿐더러 하나님에게는 한도가 없다. 그래서 옆을 보는 대신 앞에 계신 주님을 바라보면 된다. 할 수 있는 게 아무것도 없는 이를 쓸모없다고 생각하기 쉽지만 그 존재를 가만히 들여다보면 얼마나 아름다운지 모른다.

내 휴대폰 첫 화면에 몇 개의 문구를 적어놓았는데 그중 하나가 '기름부음 받은 자'이다. 다윗을 연상하며 적은 문구다. 하나님은 그분의 뜻을 담아 선지자를 통해 어린 다윗에게 기름부으셨지만, 그는 긴 시간 광야를 떠돌아야만 했다.

다윗의 시선이 광야만을 향했다면 자신을 '버림받고 지독하게 불행한 사람'으로 인식했을 것이다. 하지만 그는 특별한 사람, 곧 기름부음 받은 자였다. 그래서 더욱 광야에 머무는지도 몰랐다.

광야에서 다윗은 자신을 죽이려던 사울 왕을 두 번이나 살려주었다. 하지만 같은 광야에서 나발을 해치우려 했다. 나발의 뜻은 '어리석은 자'이다. 당시 나발은 심히 부하여 양이 삼천 마리, 염소가 천 마리 있었다.

다윗은 부하들을 보내 나발의 양을 치는 자들의 안전을 지켜주었다. 그리고 양털 깎는 날이 되자 먹을 것을 나눠주기를

정중하게 요청했다. 양털 깎는 날은 축제의 날이기 때문이었
다. 하지만 나발은 다윗을 모욕했다.

> 다윗은 누구며 이새의 아들은 누구냐
> 요즈음에 각기 주인에게서 억지로 떠나는 종이 많도다
>
> 삼상 25:10

　원수인 사울마저 선대했던 다윗이지만 나발의 모욕에는 분
노를 참지 못했다. 다윗을 그저 주인에게 머물기 싫어서 도망
한 사람으로 폄하했기 때문이다. 모욕감, 믿음의 걸음, 억울함
등 수많은 감정이 뒤섞였다. 나발이 사실과 달리 그를 매도하
고 그의 진심을 짓밟아버렸기 때문이다. 다윗은 자기 수하들
에게 말했다.

　"각기 칼을 들고 나발에게 속한 자는 한 사람도 남겨두지
마라."

　이 소식을 듣고 나발의 아내 아비가일이 급히 먹을 것을 가
지고 다윗에게로 나온다. 놀랍게도 지혜로운 여인 아비가일
의 말을 듣고 그는 칼을 거둔다.

　아비가일은 불량한 사람인 나발을 신경 쓰지 말라고 한다.
왜냐하면 그가 미련한 자이기 때문에 미련한 행동을 하는 게
당연하다고, 원래 말실수가 많은 자이니 일일이 반응할 필요

가 없다고 했다. 그리고 하나님께서 다윗을 위해 든든한 집을 세우실 거라며 그에게는 하나님의 약속이 있음을 상기시켰다. 지금은 그저 광야를 떠도는 한량처럼 보이지만 그에게는 하나님의 약속이 있고, 그 약속은 반드시 이루어질 것이라고.

이어서 아비가일은 사울 왕에게 쫓기고, 나발에게 조롱당해 분노하는 다윗에게 말한다. 이스라엘의 왕이 되면 나발에게 분노를 참지 못한 걸 도리어 부끄러워할 것이라고.

이는 '하나님이 당신에게 기름부으신 그때부터 지금까지 여전히 일하고 계시며 언젠가 그 약속이 성취될 텐데, 지금 그대의 행동은 왕이 된 후에 부끄럽지 않아야 한다. 기름부음 받은 자로서 오늘 어떻게 행동할 것인가?'라는 의미를 담고 있다. 그러니 약속 앞에 반응하라는 뜻이다.

다윗은 즉시 칼을 거두고 아비가일에게 말한다.

오늘 너를 보내어 나를 영접하게 하신
이스라엘의 하나님 여호와를 찬송할지로다
또 네 지혜를 칭찬할지며 또 네게 복이 있을지로다
오늘 내가 피를 흘릴 것과 친히 복수하는 것을 네가 막았느니라
삼상 25:32,33

내가 만난 이들도 저마다 하나님의 뜻과 계획을 품고 있다

고 믿는다(이 말은 세상에서 유명해지고 돈을 많이 번다는 말이 아니다). 그 뜻과 계획이 이루어지기 위해서 필요한 여러 가지 미션들이 있지만 분노할 대상인 나발뿐 아니라 자신에 대한 원망도 거두었으면 한다.

7장

보이지 않는 것이
보이는 것을 바꾼다

약속은 눈에 보이지 않는다.
분노나 미움, 사랑, 소망과 같이 눈에 보이지 않는 많은 것들이 있다.
그중에서도 눈에 보이지 않는 주님의 약속들,
눈에 보이지 않는 믿음이 눈에 보이는 것들을 바꾸어 나간다.

내 인생의
가장 감사한 시간

언젠가 한 후배가 '내가 할 수 있는 일은 무엇일까? 지금 무엇을 해야 할까?'를 두고 고민하느라 며칠 동안 힘들었다고 말했다. 나는 그런 고민은 모른 채 그 옆을 지나가며 말했다.

"그냥 웃어도 충분해."

이 말 때문에 후배는 자신의 존재를 다시 생각하게 되었다고 했다.

'대단한 일을 하거나 어떤 일을 한다고 빛나는 것이 아니라 그저 웃는 것만으로도 내 존재는 충분하구나.'

물론 현실적인 문제를 풀기에는 웃는 것만으로 충분하지 않다. 하지만 주님이 만드시고 "보기 좋았더라"라고 환호하신 내 존재 가치의 회복이 나를 용서하는 시작점이다.

예수님은 일곱 번을 일흔 번까지라도 용서하라고 말씀하셨다. 주님이 나를 그렇게 용서하셨기에 나도 아버지의 마음을 따라서 마땅히 용서해야 한다.

그런데 혹시 용서할 대상에서 나를 제외하고 있지는 않은가? 나는 나를 용서하고 있는가? 내게 또 한 번의 기회를 주고 있는가? 주님이 그렇게 하셨기에 스스로도 용서해야만 한다. 주님의 은혜의 빛이 비치면, 오늘은 어제와 전혀 다른 새로운 아침이 된다.

내 인생 가운데 가장 감사한 일을 고르라면 한 날이 떠오른다. 무척 고통스러웠고, 처절하게 아팠던 시간이었지만 나와 주님을 바라보는 관점을 달리하게 만든 날이기도 했다.

어느 날 시외버스를 타고 서울로 올라오며 차창에 기대어 기도했다.

'주님, 내가 주님께 나아가는 데 방해되는 것이 있으면 알려주세요.'

당돌한 것 같지만, 내 진심이었다. 주님께 더욱 다가가고 싶었고, 혹시 내가 알지 못하는 걸림돌이 있다면 치워버리고 싶었다. 하나님은 다음 날 내 기도에 응답하셨다.

길을 걷다가 우연히 만난 후배가 내 앞에 서서 내가 가진 죄를 지적하고 떠났다. 짧은 시간이었지만 나는 온몸이 경직된 듯했다. 아무 말도 할 수 없었으며, 매우 수치스러웠다. 그에게 변명할 수조차 없었다.

그동안 아무에게도 들키지 않았던 죄악이 내 안에서 모습을 드러냈다. 죄라고 미처 깨닫지 못했지만 상대가 지적할 때 한없이 부끄러웠다면 죄와 가깝다는 생각이 들었다.

이 때문에 내 마음은 한없이 가난해졌다. 길을 걸으며 눈물로 바닥을 쓸고 다녔다. "나 주님의 기쁨 되기 원하네"라고 즐겨 부르던 찬양가사를 부끄러워서 차마 소리내지 못하고 웅웅거리며 울기만 했다.

'이제 나는 이런 찬양을 부르지 못하겠구나. 그동안 알고 지내던 사람들에게 작별인사를 한 다음 아무도 알지 못하는 곳에 움막을 짓고 평생 숨어서 살아야겠다.'

하나님이 내 속에 있는 더러움을 하나만 꺼내어도 나는 몸을 가누지도, 숨 쉬지도 못할 정도가 되었다. 지적당한 죄 하나만으로도 당시 내가 살던 집 근처 한강대교에서 뛰어내려도 전혀 억울하거나 아깝지 않을 죄인임을 깨달았다.

내가 어떤 사람인지 알고서야 주님이 십자가에서 흘리신 보혈을 볼 수 있었다. 그것이 없으면 나는 하루도 살 수 없는 존재였다.

예수님은 죄 사함을 많이 받은 사람이 더 많이 사랑한다고 말씀하셨다. 의인을 부르러 온 것이 아니라 죄인을 부르러 왔다고 하셨다(눅 5:32). 나는 너무나 큰 죄인인 동시에 너무나 큰 은혜와 사랑을 입은 자였다.

이 얼마나 모순된 진리인가. 그 은혜 때문에 나는 겨우 숨을 쉴 수 있었다. 그리고 늦은 저녁임에도 사람들을 찾아가 용서를 빌었다. 그들은 영문도 모른 채 나를 마주 대했다. 당시 나는 어떻게든 은혜 앞에 반응해야만 했다. 왜냐하면 내가 바로 갚을 수 없는 죄를 탕감 받은 자였기 때문이다.

결국
사랑이 답이다

어떤 왕에게 1만 달란트를 빚진 자가 있었다. 왕은 그에게 "가진 것을 모두 팔아서 갚으라"라고 명령했다. 심한 처사가 아니다. 공의와 공평의 문제이기 때문이었다. 빌린 것이 있다면 갚아야 마땅했다.

"참아주십시오. 다 갚겠습니다."

하지만 그에게는 갚을 능력이 없었다. 놀랍게도 왕은 그를 불쌍히 여겨 놓아주었고 자그마치 1만 달란트의 빚을 탕감해 주었다. 놀라운 은혜였다. 그는 은혜 받은 사람처럼 살아야 했다. 그러나 자신에게 100데나리온 빚진 동료를 만나 멱살을 잡으며 말했다.

"내게 빚진 것을 갚아라."

그 동료가 엎드려 간구하며 말했다.

"참아주십시오. 다 갚겠습니다."

이는 그가 왕에게 대답한 말과 같았다. 하지만 동일한 상황에서 그는 동료를 옥에 가두었다. 그러자 왕이 그를 다시 불러서 말했다.

"이 악한 종아, 나는 네가 애원하기에 그 빚을 다 없애주었다. 너도 내가 불쌍히 여긴 것처럼 네 동료를 불쌍히 여겼어야할 것이 아니냐!"

그러고는 이 사람이 평생 다 갚지도 못할 빚을 다 갚을 때까지 가두어버렸다.

그가 왕에게 갚아야 할 돈은 1만 달란트였다. 1달란트는 6천 데나리온이고, 1데나리온은 장정의 하루 품삯이다. 그러니 하루 품삯을 10만 원으로 치고 1만 달란트를 현재 금액으로 환산하면, 10만 원에 6,000을 곱하고 다시 1만을 곱하면 된다. 보통 1달란트는 금 약 33킬로그램의 무게라고 한다. 그러니 1만 달란트는 금 330톤의 가치라고도 할 수 있다.

결국 한 개인뿐 아니라 가족과 친인척의 능력까지 다 합해
도 갚을 수 없는 규모의 빚이다. 대기업이나 국가가 힘을 써도
갚지 못할 정도다. 이게 바로 내가 치러내야 할 죄의 무게이며
값이다. 이것을 하나님은 예수님이 십자가에서 흘리신 보혈
로 용서해주신 것이다.

이 비유는 십자가의 은혜를 안다면, 자신이 하나님 앞에서
어떤 은혜를 입었는지를 안다면 마땅히 다른 사람을 용서해
야 함을 말한다. 우리는 예수님의 이 비유를 들을 때마다 동료
의 빚을 탕감해주지 않은 사람을 쉽게 정죄하곤 한다.

하지만 왕에게 탕감 받은 이가 동료에게 받아야 할 돈도 결
코 적은 액수가 아니다. 100데나리온은 앞에서 말한 것처럼
장정 한 명이 100일 동안 일한 품삯과 같다. 하루 품삯을 10만
원으로 계산하면 1천만 원이나 되는 금액이다. 누가 1천만 원
앞에서 여유로울 수 있을까.

예수님의 이 비유는 결국 1만 달란트의 빚을 탕감 받은 사
실과 비교해야만 가능한 이야기다. 내가 얼마나 큰 죄악에서
구원받았는지를 알아야만 누군가를 용납할 수 있다. 도저히
용서할 수 없는 사람들이 분명 있다. 하지만 예수님이 내게 행
하신 일을 기억할 때 사람은 할 수 없지만, 하나님은 하실 수
있다(눅 18:27).

언젠가 딸 온유가 학교에서 돌아와서 눈물을 펑펑 쏟았다. 외국에서 선물 받은 소중한 팔찌를 장난꾸러기 남자아이가 끊어버리고는 "너를 죽여버리고 싶다. 죽여버릴 거야"라고 말했다고 한다. 그래서 온유는 책상에 엎드려 한참을 울었다고 했다. 막 초등학생이 된 남자아이가 정확한 의미를 담아서 말했을 리는 없지만 온유의 입장에서는 속상할 만했다.

나는 아이가 진정이 되었을 때 품에 안고 말했다.

"우리가 함께 암송했던 말씀들 기억하지? 원수를 사랑하라는 말씀, '우리가 우리에게 잘못한 사람을 용서한 것처럼 예수님도 우리를 용서해주세요'라는 말씀은 먼 데 있는 것이 아니라 오늘 같은 날 순종해야 하는 말씀이야.

그런데 이건 당장 내일 학교에 가서 그 아이와 아무 일 없었던 것처럼 지내라는 뜻이 아니야. 다만 네가 속상해서 그 친구에게 똑같이 해주고 싶은 마음이나 힘든 마음을 하나님께 먼저 올려드리는 거야.

'하나님, 마음이 너무 힘들어요. 이 마음을 내가 해결하는 게 아니라 주님께 먼저 올려드립니다'라고 말이야. 아빠는 이렇게 하는 것이 용서의 시작이라고 생각해."

용서한다는 건 그에 대한 미래의 결과를 시작점에 가지고 온다는 말이 아니다. 다만 내가 자존자로서 해결하려는 의지를 내려놓고 주님께 의존자로서 반응하는 것이라고 믿는다.

용서가 이와 같다면 우리의 여러 문제도 비슷하게 해석할 수 있다. 수많은 문제를 앞에 두고 먼저 주님께 올려드리는 것이 말씀 위에 삶을 올려놓는 시작이기도 하다.

말은 이렇게 하지만 원수를 사랑하는 건 고사하고 가장 가까운 가족을 사랑하는 것도 쉽지 않다. 그런데 주님은 이렇게 말씀하신다.

> 너희가 나를 사랑하면, 내 계명을 지킬 것이다.
>
> 요 14:15, 새번역

사랑이 답이다. 만일 '좁은 길을 걸어가야 한다'라는 말이 주님을 사랑하지 못하게 만든다면, 먼저 주님을 사랑해야만 한다. 그러면 좁은 길이든 넓은 길이든, 길 자체를 보는 대신 주님의 얼굴을 보게 된다. 길을 걷는 게 목적이 아니라 주님과 동행하는 게 목적이기 때문이다.

죄가 가려진 자가
복이 있다니?

부자 관리가 찾아왔을 때 예수님은 그에게 모든 소유를 다 팔아 가난한 자들에게 나눠주라고 말씀하셨다. 그는 근심했고, 사람들은 '그러면 누가 구원을 얻을 수 있을까?' 하고 의문을 품었다(눅 18:26).

하지만 여리고의 큰 부자였던 삭개오는 예수님을 만난 후 스스로 그 일들을 했다. 주님의 은혜를 입고 그 값을 아는 자, 은혜의 감격이 있는 자라야 할 수 있다.

예수님은 형제가 죄를 범하거든 단둘이 있는 자리에서 그에게 충고하되, 듣지 않으면 한두 사람을 데리고 가서 확인하고, 그래도 듣지 않으면 교회에 말하며, 그래도 듣지 않으면 외인처럼 여기라고 하셨다(마 18:15-17).

그럼에도 이들을 위해 두 사람이 합심하여 기도하면 하늘에 계신 아버지께서 그들을 위해 이루어주신다. 왜냐하면 두세 사람이 예수님의 이름으로 모인 곳이 바로 교회이며, 주님은 그들 중에 계시기 때문이다.

"너희 중의 두 사람이 땅에서 합심하여 무엇이든지 구하면 하늘에 계신 아버지께서 그들을 위하여 이루게 하시리라 두세 사람이 내 이름으로 모인 곳에는 나도 그들 중에 있느니라"(마 18:19,20).

익숙한 이 구절은 용서에 관한 맥락에서 하신 말씀이다. 죄를 범한 형제가 실족하지 않게 단둘이 만나 충고한다. 하지만 죄는 누룩과 같아서 공동체에 전염된다. 그래서 한두 사람을 더 데리고 가서 증인 삼으라고, 교회가 권면하라고 하셨다.

그래도 듣지 않는다면? 예수님은 다시 합심해서 기도할 때 '임마누엘'의 은혜, 곧 그들 중에 주님이 함께 계시는 은혜를 주시겠다고 했다.

베드로가 물었다.

"주여 형제가 내게 죄를 범하면 몇 번이나 용서하여 주리이까 일곱 번까지 하오리이까"(마 18:21).

당시 랍비들은 세 번까지만 용서하면 된다고 했다. 그래서 베드로는 일곱 번까지 관대하게 말한 것이다. 하지만 예수님은 일곱 번을 일흔 번까지라도 용서하라고 말씀하셨다.

일곱 번을 일흔 번까지도 용서한다는 이 말은, 이미 주님이 내게 그렇게 행하셨다는 사실을 전제하기에 그저 눈물을 떨구며 가슴을 두드릴 수밖에 없다. 나는 이미 그 은혜를 받았기 때문이다.

1천만 원을 빚진 자라도 용서해야 하는 이유를 도덕주의나 호혜주의에서 찾을 수 없다. 왜냐하면 저마다 한계와 허용치가 있기 때문이다. 사람마다 100데나리온의 무게가 조금씩 다를 뿐이지 한계는 분명히 존재한다.

그래서 사람에게 선함을 요구하는 것은 한계가 있다. 하지만 자신이 1만 달란트를 빚진 자임을 알고 그것을 탕감 받았음을 믿는다면, 그 은혜 때문에 그렇게 할 수 있다. 용서는 인품이나 도덕의 문제가 아니다. 주님이 이미 하신 일을 마땅히 따르는 것이다.

> 내가 너를 불쌍히 여김과 같이
> 너도 네 동료를 불쌍히 여김이 마땅하지 아니하냐…
> 너희가 각각 마음으로부터 형제를 용서하지 아니하면
> 나의 하늘 아버지께서도 너희에게 이와 같이 하시리라
>
> 마 18:33,35

하나님의 절대적 사랑은 늘 동일하지만 또한 상대적이다. 곧 수혜자의 자기인식에 달려있다. 스스로 의로운 자는 그 보혈의 값이 관념적일 수밖에 없다.

내가 죄인임을 성령님이 알게 하셨을 때, 보혈이 아니면 죽을 수밖에 없는 자임을 자백했다. 내가 죄인임을 깨달을 때, 보혈의 공로를 알 수 있다. 이 사건을 통해 죄로 인해 벌어진 하나님과의 엄청난 간극과 내 인생에 보혈이 얼마나 큰 무게를 차지하는지도 알게 되었다.

> 허물의 사함을 받고 자신의 죄가 가려진 자는 복이 있도다
>
> 시 32:1

나는 다윗이 고백하고 바울이 인용한 이 구절이 예전부터 좀처럼 이해되지 않았다(시 32:1; 롬 4:7). 죄가 드러나면 아프지만 한편으로는 진실이기 때문이다.

그런데 내가 가진 죄가 하나둘, 손가락으로 셀 수 있는 따위가 아니라는 사실을 알았다. 걸을 때마다 바닥을 쓸게 되는 치명적인 죄와 과오 앞에 눈물을 쏟을 수밖에 없었다. 내가 숨을 쉬고, 밥을 먹는 것처럼 죄를 짓는 존재임을 깨달았다.

그래서 잘못한 것들이 생각나는 대로 사람들을 찾아다니며 무릎 꿇고 용서를 빌었고, 십자가를 내걸고 포장마차에서 꽃을 파는 처음 보는 아주머니에게 기도를 부탁하기도 했다. 그만큼 나 자신과 직면하기가 힘들었다. 내 안에 있는 죄를 들여다보는 것이, 그 죄와 더불어 살아가는 것이 너무나 고통스러웠다.

이런 시간을 통해 주님이 흘리신 피의 무게를 알았고, 은혜로 살 수 있었다. 내가 죄인임을 아는 건 고통스러울 만큼 아팠지만 손에 꼽을 만큼 감사했다.

또 그 시간을 보내면서 "죄가 가려진 자는 복이 있다"라는 게 얼마나 감사한 말씀인지 비로소 알았다. 사람들은 겉으로 드러난 모습은 알지만 내면의 더러움은 알지 못한다. 사람의 깊은 내면이 얼마나 더럽고 추한지. 그 죄가 낱낱이 드러난다면 감히 얼굴을 들고 다니지 못할 것이다. 주님의 은혜 앞에서야 나는 오늘의 숨을 쉴 수 있었다.

그래서 아침에 가장 먼저 주님의 보혈로 나를 덮어달라는 기도를 드린다. 그리고 가족과 온 집을 덮어달라고 기도한다. 주님 안에서 날마다 깨끗한 캔버스 위에 새로운 그림을 그리고 싶기 때문이다.

주님의 마음을
더 가졌다면

약속은 눈에 보이지 않는다. 분노나 미움, 사랑, 소망과 같이 눈에 보이지 않는 많은 것들이 있다. 그중에서도 눈에 보이지 않는 주님의 약속들, 눈에 보이지 않는 믿음이 눈에 보이는 것들을 바꾸어 나간다.

> 우슬초로 나를 깨끗하게 하소서.
> 그러면 내가 깨끗해질 것입니다.
> 나를 씻어주소서.
> 그러면 내가 눈보다 희게 될 것입니다.
> 시 51:7, 우리말성경

주님이 씻으시면 날마다 새 그림을 그리며 살 수 있다. 교계에서 크고 작은 뉴스들이 쏟아졌을 때 누군가 "그들이 만난 하나님은 거짓된 신"이라고 말했다. 그런데 그들이 쓴 글과 말을 떠올리면 아닌 것 같았다.

그들이 만난 은혜도, 그들이 만난 하나님도 진짜지만 문제는 기억에 결함이 생긴 건 아닐까? 하나님이 그들을 어떻게 만나주셨는지, 자신이 어떤 존재인지 잊은 건 아닐까?

기억은 하나님의 구원사역에서 중요한 의미를 지닌다. 노아의 홍수 때에 하나님은 방주에 있는 이들을 '기억'하셔서 물이 줄어들게 하셨으며(창 8:1), 노아와 언약을 맺으실 때도 무지개를 보고 이 언약을 '기억'하셔서 다시는 물로 세상을 심판하지 않겠다고 말씀하셨다(창 9:16).

소돔과 고모라를 멸하실 때도 아브라함을 '생각'(원어로 '자카르')하사 롯을 구원하셨다(창 19:29). 이스라엘 백성을 애굽에서 구원하실 때에도 그들의 신음소리를 들으시고 그들에게 세운 언약을 '기억'하사 돌보셨다(출 2:24,25). 하나님이 사울 왕을 버리실 때 사무엘을 통해 이렇게 말씀하셨다.

사무엘이 이르되 왕이 스스로 작게 여길 그때에
이스라엘 지파의 머리가 되지 아니하셨나이까

삼상 15:17

왕이 되기 전의 사울은 얼마나 신앙과 성품이 준수한 사람이었는가. 하지만 왕이 된 이후 자신이 어떤 존재인지 잊어버렸다.

어떤 면에서 교계뉴스에 등장하는 크고 작은 이슈들은 일반 사람들의 일상에서도 충분히 일어날 수 있는 범죄나 실수들이기도 하다. 하지만 사람들이 유난히 분노하고 실망하는 이유는 무엇일까?

모세가 가나안 땅에 들어가지 못한 이유를 여러 가지로 추론하지만, 그중에서 가장 많이 언급되는 게 지팡이로 반석을 두 번 쳤다는 점이다(민 20:10,11). 하지만 모세의 기나긴 순종과 하나님을 향한 열심에 비해 그 사건은 얼마나 작고 사사로운가?

출애굽 도중 모세의 수많은 중보기도로 하나님은 이스라엘을 향한 그분의 마음을 돌이키셨는데, 정작 모세의 잘못에는 이렇게 단호할 수 있단 말인가? 그런 이유로 가나안에 들어가지 못한다면 약속의 땅에 발 디딜 수 있는 사람이 과연 몇 명이나 있을까? 왜 하나님은 모세에게는 자비롭지 않으신가? 죄에 경중이 있는가? 사람에 따라 죄의 차별을 두시는가?

성경은 그것에 대해 부분적으로 "그렇다"라고 대답한다. 예수님은 말씀하셨다.

주인의 뜻을 알고도 준비하지 아니하고

그 뜻대로 행하지 아니한 종은 많이 맞을 것이요

알지 못하고 맞을 일을 행한 종은 적게 맞으리라

무릇 많이 받은 자에게는 많이 요구할 것이요

많이 맡은 자에게는 많이 달라 할 것이니라

눅 12:47,48

예수님은 '주인의 뜻을 아는 자'를 말씀하셨다. 그런 자라면 그 뜻을 아는 만큼의 책임이 있다.

첫째 온유와 동생 소명이가 똑같은 잘못을 했을 때 첫째가 조금 더 꾸지람을 듣는 이유는, 첫째는 잘못된 행동임을 알고 있는 반면에 둘째는 첫째를 모방하기 때문이다.

같은 의미로 하나님의 뜻을 아는 자들에게 그만큼 많은 것을 요구한다고 말씀하신다. 그 때문에 사사로울 수 있는 일에도 주님은 더 많은 책임을 물으실 것이다. 과할 정도의 책임을 물으신다면 주님의 마음을 많이 알고 있는, 많이 맡은 자이기 때문일지도 모른다.

사울 왕이 스스로 작게 여기던 시절처럼 다윗에게도 양을 치던 시절이 있었다. 잔치에 초대받지 못한 이새의 막내아들에게 기름부으신 하나님은 그가 왕이 되기까지 길고 긴 여정을 광야에 두셨다.

그가 어떤 사람이었는지 그리고 그를 구원하신 이가 누구
인지 그가 왕이 된 이후에도 기억하게 하시려는 주님의 사랑
이 아니었을까?

갚을 것이 없으므로 둘 다 탕감하여 주었으니
둘 중에 누가 그를 더 사랑하겠느냐

눅 7:42

나는 주님께 많이 맡은 자이며, 갚을 길 없는 큰 사랑을 받
은 자이다. 그래서 이 시대에 두렵고 떨림으로 서 있어야 한
다. 하지만 그조차도 내 힘으로 할 수 있는 것이 아니다. 예수
님은 "너희 의가 서기관과 바리새인보다 더 낫지 못하면 결코
천국에 들어가지 못하리라"(마 5:20)라고 말씀하셨다.

과연 내가 노력해서 그 의를 완성할 수 있을까? 잘못을 저
지른 사람들보다 더 나은 의를 가졌기에 그들을 비난할 수 있
을까?

형제에게 노하는 자마다 심판을 받게 되고…
미련한 놈이라 하는 자는 지옥 불에 들어가게 되리라…
음욕을 품고 여자를 보는 자마다 마음에 이미 간음하였느니라

마 5:22,28

나는 매일 살인한 자이며, 간음한 자이다. 하나님이 내게 주신 가장 큰 선물은 내가 어떤 죄인인지 알게 하신 일이다. 만약 그 사실을 잊는다면 가장 큰 것을 잃는 것과 같다. 내가 내 죄 문제를 해결할 수 있을 때, 더 이상 주님의 도우심이 필요치 않기 때문이다.

내가 어떠한 죄인인지에 매일 맞닥뜨릴 때 비로소 내 가난한 심령을 하나님께 내어놓고 애통할 수 있다. 그때 하나님은 나를 만나주시고 위로하신다(마 5:3,4). 내게 광야의 시간이 필요한 이유도 이와 무관하지 않다.

피투성이라도
살아있으라

독도에서 촬영할 때의 일이다. 풍랑주의보 때문에 파도가 높아서 촬영을 급히 접고 울릉도에 들어가 머물렀다. 해야 할 일이 자꾸만 밀려서 난감했지만 특별히 지루하지는 않았다.

육지에 있는 것과 섬에 있는 것은 확연히 다르다. 육지에 있으면 어떻게든 차편을 만들거나 멀리 돌아서 가는 방법이라도 강구하는데, 섬은 배가 뜨지 않으면 아무것도 할 수 없다. 그 시간에는 그저 기다려야 한다. 그래서 마냥 파도치는 방파제를, 바다 곁을 거닐었다.

그러다 숙소 가까이에 있는 저동침례교회에 들렀다. 110여 년 전 울릉도에 처음 생긴 교회라고 했다. 열린 창문 틈 사이로 바람소리와 파도소리가 들려오는 예배당에서 기도했다.

아무도 너를 돌보아 이 중에 한 가지라도 네게 행하여

너를 불쌍히 여긴 자가 없었으므로

네가 나던 날에 네 몸이 천하게 여겨져

네가 들에 버려졌느니라

내가 네 곁으로 지나갈 때에

네가 피투성이가 되어 발짓하는 것을 보고

네게 이르기를 너는 피투성이라도 살아있으라

다시 이르기를 너는 피투성이라도 살아있으라

겔 16:5,6

바닷소리에 실려 주님의 소리가 들리는 듯해서 얼마나 울 었는지 모른다. 오래전, 아무도 불쌍히 여기는 자가 없었지만 주님은 당시 120가구 정도 살고 있었다는 이 섬을 보시고 "피 투성이라도 살아있으라"라고 말씀하셨다. 우리나라가 처한 풍전등화 같은 상황에서.

버려진 작은 아이, 아무것도 할 수 없어서 발짓만 하던 내게 주님이 말씀하셔서 오늘을 살게 되었다. 뒤이은 말씀은 그렇게 살아남은 이스라엘이 크고 아름답게 자란 후에 어떻게 주님 앞에서 음행했는지를 말한다.

'내가 어떤 존재였나요? 우리가 어떤 존재였나요? 주님의 은혜를 구합니다.'

눈을 감고 잠잠히 기도하다가 '나를 살게 해주셔서 감사합니다'라고 고백했다. 내 진심이었다. 사람들은 저마다 '내가 어느 수준에 있는가'를 보며, 그 기준에 따라 불평하거나 감사한다. 나는 내가 어떤 수준인지를 잘 알고 있다.

나는 피투성이 작은 아이였다. 작은 교회 한편에서 '이런 나를 사용할 수 있나요?'라고 하나님께 묻고 또 묻던 아이였다. 비록 잦은 고난과 눈물이 있었지만 주님은 신실하게 나를 살게 하셨다.

내가 할 수 있는 것들 곧 손가락을 움직이고, 눈을 깜빡이고, 아이를 품에 안고, 그들의 심장소리를 듣고, 따스한 저녁을 맞이하는 순간순간이 내게는 기적과 같다. 어느 날은 우리 집 벨을 누르며 감사하기도 했다.

나를 살게 하시는 주님을 더욱 경험하고 싶다고 기도했다. 주님을 경험하려면 그분의 말씀 위에 서야 한다. 그러려면 어느 정도의 환난과 핍박은 예상해야 한다.

그런데 주님은 그 시간을 기뻐하라고 말씀하신다. 그렇다면 나는 매일 마음으로 결정해야 한다. 더욱 주님을 경험하고 싶은지, 더욱 주님을 사랑하길 원하는지.

나는 조용히 기도했다.

'주님, 생각 외의 장소에서 뜻하지 않은 시간을 누리고 있습니다. 제 삶 가운데 많은 일이 있고, 뜻밖의 일들이 날마다 닥쳐옵니다. 그럴 때마다 당황하지 않고, 평안을 놓치지 않고 주님이 주시는 은혜와 교제를 누리게 해주세요.

우리의 삶이 주님 안에 있기에 어둠도 밝음도, 계획했던 일도 뜻밖의 일도 모두 소중합니다. 주님 안에서 악한 것, 버릴 것이 어디 있습니까? 주님, 이 마음을 놓치지 않게 해주세요.

어디에 있든지, 무엇을 하든지 내 마음이 주님 곁에 있는지 점검하게 도와주세요. 많은 사람을 만나야 하고, 많은 일을 앞두고 있고, 해야 할 일들이 쌓여있습니다. 하지만 멈추게 하신 이유는 무엇인가요? 잠잠히 엎드려 기도해야 하기 때문인가요?

모든 일이 내 뜻대로 이루어지는 게 중요한 게 아니라면, 이 시간 주님께 묻습니다. 멈춰진 이 시간 속에 잠시 내려놓고 주님, 주님, 주님, 주님 이름 부릅니다.'

"그것으로 충분하다"(눅 22:38, 우리말성경).

예수님은 긴 한숨을 내쉬며 말씀을 거두셨다. 십자가를 앞에 두고 제자들 곁을 떠나셔야 했다. 앞으로 벌어질 치열한 싸움을 비유로 이야기하자 제자들은 칼 두 자루를 가지고 있다고 내보였다.

"그래, 족하다."

제자들은 예수님의 말씀이 의미하는 바를 아직도 이해하지 못하고, 물리적인 싸움을 염두에 두며 눈에 보이는 세상에서 누가 더 중요한 자리에 앉아야 하는지를 두고 다투었다. 예수님의 한숨소리가 들리는 듯하다.

"주여, 저는 주와 함께라면 감옥이든 죽음이든 각오가 돼 있습니다"(눅 22:33, 우리말성경).

죽음을 각오하는 베드로의 말은 닭 우는 새벽, 여종 앞에서 흔들리고 말 것이며, 제자들은 두려워서 이리저리 흩어질 것이다. 죽음을 각오하는 말과 같은, 강력한 자기 주문이나 의지로 무엇을 할 수 있을까?

예수님의 시간, 그분의 말 한마디도 여전히 이해하지 못하고 동상이몽을 꿈꾸는 제자들의 모습이 마치 나와 같아서 한숨짓게 된다. 그런데 이런 제자들에게 예수님은 하나님나라를 맡기겠다는 놀라운 선언을 하신다. 맡을 만한 사람이 아니라 자격 없고 미성숙해 보이는 사람들에게 당신의 나라를 맡기신다.

너희는 내가 시련을 겪는 동안 나와 함께한 사람들이다.

그러니 내 아버지께서 내게 나라를 맡겨주신 것처럼

나도 너희에게 나라를 맡긴다.

눅 22:28,29, 우리말성경

그들이 얼마나 좋은 신분인지, 얼마나 능력 있는지의 문제가 아니라 단지 예수님과 함께했기 때문이라고 하신다. 최후의 순간에서조차 주님의 말을 이해하지 못하는 자격 없는 자들이지만 함께했기에 자격이 있다고 말씀하신다.

그리스도인의 정체성은 스스로 만들어내는 것이 아니라 주님으로부터 부여받는다. 그래서 또다시 내게 주신 주님의 말씀을 떠올린다.

'네가 두려워하는 것을 두려워하지 말라.'

온통 두려운 것들로 가득한 세상살이 가운데서 두려워하지 말라고 하셨다. 두려움 모르는 성격이나 자기 주문이 두려워하지 않게 만드는 것이 아니다. 주님이 우리 안에 거하시면, 그렇게 살게 될 것이다.

하나님께서는 여러분 안에서

하나님이 기뻐하시는 일을

할 수 있도록 돕고 계십니다.

또한 하나님은 할 수 있는 힘과 능력을

여러분에게 공급해주실 것입니다.

빌 2:13, 쉬운성경

나는 정말 아무 소망이 없었다. 삶의 이유도 꿈도, 그저 공허한 울림 같았다. 매일 내 작은 기도처를 찾아 기도했다. 무엇을 기도했는지 기억조차 나지 않지만 그저 꿈 없던 나를 올려드렸다. 그런데 알게 되었다. 하나님이 나를 만나주시면 꿈이 생긴다는 것을.

하나님이 내게 특별한 행운을 주시거나 돈과 직장을 보장해주시는 것이 아니라, 내 빈 마음을 그분으로 빛 비추시는 것이 무엇인지를 알았다.

아주 깜깜한 방, 빛 없는 방에 기름부으시고 빛 비추시니 꼭꼭 숨어있던 어둠이 물러났다. 어둠이 사라지면 내가 가졌던 고민과 근심은 힘을 잃는다. 신기하지 않은가? 고민과 근심이 해결되면 어둠이 사라질 줄 알았는데 사실은 그 역순이었다니. 무엇보다 그 빛은 주님과의 만남으로 비롯된다.

내가 내 노력으로 인생에 빛 비출 수 있다면 더 이상 주님은 필요치 않으며, 기름은 마르고 빛은 저물 터이다. 은혜를 더하기 위해 죄를 지을 수는 없지만 죄가 더한 곳에 은혜는 넘치게 마련이다. 가장 지혜로운 태도는 지금 꺼뜨린 빛을 다시 구하는 것이다. 어둠 속에서 다시 빛을 구하는 것이다.

8장

결과가 아닌
과정에 순종하다

하나님은 내가 무엇을 통해
어떻게 일하는지를 주목해서 보시지만
동시에 내가 어떤 존재인지도 보신다.
그래서 내 일상 자체를 주님께 끊임없이 드려야 한다고 생각한다.
사역과 전혀 상관없어 보이는 일상 속의 대화와 삶,
행동, 숨소리까지도.

지금
잘 가고 있는 게 맞나요?

"달란트를 발견했지만 그 길이 더뎌서 지칠 때는 어떻게 해야 할까요? 그 달란트를 사용하기 위해 열심히 해야 할까요?"

　방송에 출연해서 강연하고 청중들의 질문에 답을 해주었다. 이 질문 앞에서 나는 인생에 정답이 있는 것처럼 말할 수 없었다.

　"저는 카메라의 가죽끈이 닳을 때까지 날마다 손에 쥐고 걸었습니다. 추석이나 설날 같은 명절을 스스로 포기해가며 열심히 했습니다. 이웃집에서 풍겨오는 명절 음식 냄새를 참아가며 길을 걷고 사람들을 만나 일했습니다. 밥 먹는 시간도, 잠자는 시간도 줄였습니다. 열심히 하세요.”

이렇게 말할 수 없었다. 이 말은 정답일 수도, 아닐 수도 있기 때문이다. 각자의 처지와 상황이 달라서 정답을 줄 수는 없겠지만, 몇 가지를 구분해서 생각하면 답을 찾기가 수월할 것 같다.

“달란트 (재능) / 직업 (소명, 현실) / 성공 (결과)”

재능이 직업으로, 직업이 성공으로 이어진다면 이상적이겠지만 이는 생각만큼 쉽지 않다. 나는 달란트가 꼭 직업과 연관되고, 꼭 성공으로 이어져야 한다고 생각하지 않는다.

내가 좋아하는 일을 직업으로 삼으면 좋겠지만 현실에서는 쉽지 않다. “좋아하는 사진을 찍기 위해 좋아하지 않는 사진은 찍지 않았다”라는 한 사진작가의 글을 읽은 적이 있다.

가치를 좇다 보니 돈 되는 사진을 찍지 않아서 어렵게 살았던 시절에 관한 글이었는데 읽을 당시는 멋있다고 생각했다. 하지만 나는 의미 있고 가치 있다고 여기는 사진을 찍기 위해 의미 없다고 생각하는 사진을 찍었다.

상상만 하는 것과 실제로 가치 있는 사진을 찍는 현실은 차이가 있었다. 의미 있는 사진만을 고집하다가 결국 더 이상 사진을 찍지 못하는 순간이 온다.

만약 정말 지켜야 할 가치가 있다면 어떤 수고도 마다하지 않을 수 있는 헌신이 필요하다고 생각했다. 나는 길 위에서 사람을 만나기 위해 많은 시간을 보냈고, 두한이와 함께하기 위해 다양한 일을 했다. 가족을 책임지기 위해서도 부지런히 수고했다.

어느 날, 무역투자진흥공사 관계자와 미팅하면서 이런 생각이 들었다.

'주님, 지금 나는 어디에 있나요? 잘 가고 있는 것이 맞나요?'

그러다 다윗의 시편을 묵상하며 생각했다. 그는 시편의 대부분을 성전의 조용하고 편안한 곳에 앉아서 쓰지 않았다. 세상과 분리된 예배 중에, 경배와 찬양이 울려 퍼지는 가운데 손을 드는 감정의 끝자락에서 지은 시가 아니다.

피를 흘리며 죽어가는 동료들 사이, 배신과 살기가 가득한 숨 막히는 전쟁터에서 하나님을 바라보며 믿음으로 고백했다. 눈에 보이는 상황은 막막했지만 그럼에도 믿음의 눈을 들어 주님의 실패하지 않는 사랑, 견고한 사랑이 우리를 둘러싸고 있다고 선포했다.

다윗이 사울을 피해 도망하다 블레셋 땅으로 피했을 때, 그는 아기스 왕의 부하들에게 발각되었다. 하지만 그는 대문에 그적거리고, 침을 흘리며 미친 척을 하여 가까스로 살아났다.
그는 이 일 후에 시편 34편을 지었다.

내가 여호와께 간구하매 내게 응답하시고
내 모든 두려움에서 나를 건지셨도다…
여호와의 천사가 주를 경외하는 자를 둘러 진 치고
그들을 건지시는도다

시 34:4,7

자신의 목숨이 위태로워 침을 흘리고 미친 척하며 수치와
굴욕을 감당해야 하는 암담한 현실. 하지만 다윗은 이런 것들
을 감수하고 살아나 이 사건이 하나님의 구원이라고 고백한
다. 또 주님의 응답이라고 표현한다.

이 장면을 현대판으로 각색해보면 다윗이 빚쟁이나 조직
폭력배에게 둘러싸였을 때 자신은 다윗이 아니라며 미친 척
하는 것으로 묘사할 수 있겠다. 게다가 그는 사울을 피해 도망
나왔기에 돌아갈 집도 없고, 지킬 자존심도 남아있지 않았다.

이렇게 마음이 상하면 한동안 헤쳐 나오기 쉽지 않다. 그런
데 다윗은 하나님께서 자신의 부르짖음에 응답하시고, 두려
움에서 건지시며, 천사가 자신을 둘러 진 쳐서 구원했다고 고
백한다.

야곱은 고향으로 돌아가는 길에 에서가 두려워서 그에게
보낼 많은 선물을 준비했다. 선물이 아니라 조공에 가까울 만
큼 어마어마한 예물을 나누어 준비했다. 믿음 없는 행동으로
보일 수 있지만, 이 또한 단정할 수 없다. 비록 야곱은 두려움
가운데 이 일을 준비했지만 그로 인해 에서의 마음을 위로했
을 수도 있다.

> 은밀한 선물은 노를 쉬게 하고
> 품 안의 뇌물은 맹렬한 분을 그치게 하느니라
>
> 잠 21:14

세상에는 내가 판단할 수 없는 영역이 가득하다. 그러기에
우리의 일상에서 주님의 임재를 떼어놓고 생각할 수 없다.

충성은
열매 가운데 하나요

이스라엘 백성들은 출애굽한 후에 하나님의 크신 구원을 노
래했지만, 며칠이 지나지 않아서 모세를 향해 "온 회중이 주
려 죽게 되었다"라며 원망했다. 이는 이스라엘 백성이 직면한

현실이었다. 모세는 이스라엘 백성에게 이렇게 말했다.

주님께서는, 당신들이 주님을

원망하는 소리를 들으셨습니다.

당신들이 하는 원망은 우리에게 하는 것이 아니라,

주님께 하는 것입니다.

출 16:8, 새번역

얼마나 무서운 말씀인가? 이스라엘은 직면한 현실을 원망했지만 그것은 현실에 대한 원망도, 모세와 아론을 향한 원망도 아니었다. 자신들을 구원해내신 하나님께 한 원망과도 같았다.

반대로 다윗이 드린 감사의 고백은 현실의 처절한 아픔 속에서 보이지 않는 주님을 경험하며, 놀라운 그분의 인자와 진실을 발견하고 드리는 고백이다.

주님은, 마음 상한 사람에게 가까이 계시고,

낙심한 사람을 구원해주신다.

시 34:18, 새번역

주님은 예배 가운데 말씀하시지만 우리의 반복되는 일상

가운데도 여전히 말씀하신다. 나는 마음이 상했을 때 숨을 크게 한번 내쉬어 본다. 이 공기의 밀도보다 더 세밀하게 주님은 우리 곁에 계시기 때문이다.

나는 의미 있고 가치 있는 이 일을 계속하기 위해 성실하게 일했지만 의미를 찾기 힘들다고 생각한 일도 하나님이 내게 맡기신 일이라고 믿었다.

어느 날, 상업사진을 전공했다는 한 사람에게서 메일을 받았다. 나처럼 다큐멘터리 사진을 찍어 하나님께 영광을 돌리고 싶은데, 시도해보았지만 도저히 생계 때문에 현실적으로 풀어내기가 어렵다는 내용이었다. 나는 그에게 이런 답을 보냈다.

'당신이 상업사진을 전공했으면 상업사진을 찍으세요. 그리고 사진에 국한해서가 아니라 당신의 삶을 통해 하나님께 영광을 돌리면 됩니다.'

의미 있어 보이고 가치 있는 것만이 하나님께 영광 돌리는 일이라고 생각하지 않는다. 우리는 자신에게 특화되어 있는 것으로 하나님께 영광을 돌리려 하고, 그 외의 것은 하나님과 관계없다고 생각할 수 있다.

하나님은 내가 무엇을 통해 어떻게 일하는지를 주목해서 보시지만 동시에 내가 어떤 존재인지도 보신다. 그래서 내 일상 자체를 주님께 끊임없이 드려야 한다고 생각한다. 사역과 전혀 상관없어 보이는 일상 속의 대화와 삶, 행동, 숨소리까지도.

김우현 감독이 제작한 팔복시리즈 중 첫 번째 〈가난한 자는 복이 있나니〉에 나오는 최춘선 할아버지는 통일을 꿈꾸면서 복음에 빚진 자로서 길을 걸으며 복음을 전했고, 지하철에서 만나는 사람들에게 선지자처럼 외쳤다. 마치 미치광이처럼 보일 수 있는 그의 몸짓에 사람들은 의구심을 표했다.

도대체 이런 행동을 통해 어떤 열매를 맺을 수 있을까? 나중에 인터뷰를 통해 수많은 열매를 재해석할 수 있었지만 당장 눈에 보이는 열매는 아무것도 없어 보였다. 사람들이 눈살을 찌푸리고 손가락질하는 그의 모습에서 어떤 열매를 찾을 수 있을까?

그의 생애 마지막 장면이 영상으로 담겼다. 그때 할아버지는 이렇게 말했다.

"충성은 열매 가운데 하나요."

사람들은 할아버지의 사역을 보며 열매를 질문하지만, 할아버지는 자신의 삶 그 자체를 주님께 충성이라는 열매로 드렸다. 그는 "젓가락이 무겁다"라고 할 만큼 쇠약한 몸으로 자신의 십자가를 지기 위해, 자신의 존재를 충성이라는 열매로 드리기 위해 맨발로 다시 지하철역으로 향했다.

나를 향한
주님의 신뢰를 믿어라

달란트가 직업과 연관되면 좋겠지만 현실에서 풀어내는 일은 쉽지 않다. 하지만 '달란트=직업'이라는 등식을 고집하지 않으면 보다 자유로울 수 있다. 수많은 강연에서 자신이 좋아하는 일을 찾고, 그 일을 하라고 하지만 현실에 적용하기란 쉽지 않다.

자신이 좋아하는 일이 직업으로 이어지기만 바란다면 우리 인생은 한 보도 내딛지 못한 채 이상주의자로만 머물 수 있다. 내가 좋아하는 일뿐 아니라 하나님이 내게 맡기신 일이라면 그것이 무엇이든 충성하는 것은 또 다른 일을 열어가는 열쇠가 된다.

앞서 가장 작은 자에게 한 것이 곧 예수께 한 것이고, 그 일은 하나님나라 문을 여는 열쇠와 같다고 말했다. 하나님은 또한 그분이 맡기신 가장 작은 일에 충성하는 자를 칭찬하시고 더 많은 것을 맡기시겠다고 약속하셨다.

다윗이 아직 어린 목동일 때 꾸준히 했던 작은 물맷돌 던지기가 결국 골리앗을 쓰러뜨리는 결과로 이어진 것처럼, 내게 주신 작은 믿음의 기회들을 붙잡아 물맷돌 던지는 연습하듯 훈련을 해야 한다.

그 믿음의 과정은 주님이 주신 기회로 이어진다. 주님의 훈련은 영적 진공 상태에 있지 않다. 나는 냇가에 버려진 흔하디흔한 물맷돌은 주님이 주신 선물이라고 믿는다.

우리는 자기 자신을 다 알지 못한다. 내가 입은 옷이 내 옷이 아닌 것 같기도 하고, 내가 이 옷을 입을 자격이 있는지 질문하기도 한다. 하지만 내가 나를 보는 시선이 아니라 나를 향한 주님의 시선은 어떤가?

예수님은 종들에게 달란트(또는 므나)를 맡긴 주인의 예화를 말씀하셨다. 주인은 충성한 종들에게 갑절의 달란트를 주거나 마을을 다스릴 권세를 주었다. 1달란트는 보통 금 33킬로그램의 가치와 같다고 하니, 15억 원 조금 못 미치는 큰돈이다. 1므나는 노동자 하루 품삯의 100배 정도였다. 충성의 결과로 그들이 얻게 된 마을을 다스릴 권세도 만만치 않게 큰 보상이었다.

마태복음과 누가복음의 두 비유에서 공통적으로 "지극히 작은 것에 충성하였다"라는 표현이 등장한다. 므나와 달란트, 마을을 다스릴 권세를 놓고 보면 우리 수준에는 어느 것 하나 작아 보이지 않지만 예수님은 작은 것이라고 표현하신다. 하나님께 그것들은 작다. 우리에게는 크지만 그분께는 크지 않다.

하나님께서 우리에게 맡기신 것들이 있다. 우리는 그것을 받을 자격이나 운용할 능력이 없지만 그럼에도 주님은 맡기신다. 나를 정말 잘 아는 분은 나를 지으신 하나님이며, 그분은 전지적 작가 시점에서 우리를 보신다.

주님이 내게 그것들을 맡기셨다면, 나를 향한 내 신뢰가 아니라 나를 향한 주님의 신뢰를 믿어야만 한다. 나 자신을 향한 판단조차 유보하고, 주님께 나를 올려드려야 한다.

사랑하는 이와의
약속 때문입니다

언젠가 협동조합의 프로젝트를 맡았을 때의 일이다. 주변에 하나님나라를 꿈꾸며 전문적인 영역에서 활동하는 후배들이 많았다. 자비량으로 사역하는 그들에게 도움을 주면 좋겠다는 의도로 일을 시작했다.

일이 성사되고 본격적으로 진행될 때까지 코디네이터로 도와줄 요량이었다. 그래서 나는 대가 없이 좋은 마음으로 일을 시작했지만, 협동조합의 결정권자가 너무 많았다. 열 명 가까운 사람들의 관점과 결정이 달라서 말 그대로 배가 산으로 향하기 시작했다.

한 달 정도 지났지만 일이 지지부진하자 슬슬 걱정이 되었다. 일의 세팅만 도와주고 빠져나오려고 했는데, 그러지도 못한 채 실무자와 미팅만 계속 하고 있었다. 내가 만들어준 시안은 이미 수십 번 거절당했다.

일이 성사되어도 후배들이 힘들어지거나 돈도 제대로 받지 못하겠다는 생각이 들었다. 그래서 포기하려고 했다. 그러면 나만 고생한 차원에서 마무리할 수 있을 테니까. 그런데 기도 중에 주님이 이런 마음을 주셨다.

'10년이 지나도 부끄럽지 않게 이 일을 잘 마무리하렴.'

좋은 마음으로 시작한 일이 주님에 대한 순종의 차원이 되었다. 이 일에 우선순위를 둬야 했다. 그런데 일은 여전히 쉽지 않았다. 실무자는 밤이나 새벽을 가리지 않고 지시사항을 보냈고, 그 스트레스가 말로 다할 수 없었다. 아내와 식사하다가도 문자나 전화가 오면 심리적으로 불안해져서 구토가 나올 지경이었다.

나는 앞날이 걱정되었다. 의미나 관심도 없는 단체에 매여 몇 달째 종살이를 하는 것 같았고, 생계도 걱정되었다. 마치 헤어날 수 없는 늪에 빠진 기분이었다. 진행되는 과정에도 여러 일이 있었다. 일을 맡은 사람들이 못하겠다고 중도에 하차하기도 했다. 넉 달이 지나서야 일이 조금씩 진행되었고, 한숨을 돌릴 수 있었다.

함께 고생한 실무자와 그동안의 수고를 격려하는 차원에서 식사를 함께했다. 그는 내가 대가 없이 일한 것을 그제야 알고는 적잖이 놀랐다. 나를 힘들게 해서 미안하다고 사과하며 "왜 지금까지 이 일을 맡았습니까"라고 물었다. 나는 사랑하는 분과의 약속 때문이었다고 대답했다.

나는 예수님을 믿는 것이 종교의 영역이 아니라고 생각한다. 그분은 내 사랑하는 연인과도 같다. 사랑하는 분과의 약속은 지켜야 하지 않을까?

몇 년간 대기업의 사내 매거진에서 여행 사진을 맡았다. 전국을 돌며 지역의 특성과 문화를 담았는데, 함께 동행한 편집장과 필진이 술을 꽤나 좋아했다.

2박 3일 동안 밤마다, 때로는 점심도 거르고 낮술부터 시작했다. 나는 그들과 함께 있으면서 폭탄주, 회오리주 등 다양하게 술을 제조하는 법을 배웠다. 남녀만 밤새 술을 마시게 두면 안 될 것 같아서 나도 매일 새벽까지 동행했다. 그리고 다시 이른 새벽에 촬영을 나갔다. 우리가 많이 친해졌을 때 그들이 물었다.

"요셉 씨는 술도 마시지 않으면서 왜 우리를 기다려주나요?"

나는 종교 때문이라고 말하지 않았다. 그것은 도덕이나 규칙과 비슷하게 들릴 것 같았다. 내게 예수님은 규칙이나 종교가 아니다. 그래서 이날도 가장 사랑하는 분과의 약속이라고

176

이야기했다. 그들이 예수님을 믿지 않아도, 그분을 지금 우리와 함께하시는 인격적 존재로 말해주고 싶었다.

집주인은 품꾼을 위해
품꾼을 고용했다

협동조합 프로젝트는 다행히 잘 마무리되어서 사람들에게 약속했던 비용을 나누어주었다. 주님이 내게 주신 미션, 10년이 지나도 부끄럽지 않게 일을 잘 마무리하라는 숙제를 겨우 마쳤다는 사실이 감사했고, 늪에서 빠져나왔다는 데 해방감을 느꼈다.

그런데 당시에 묵상하던 말씀이 내 가슴에 걸렸다. 하필이면 포도원 일꾼 비유와 브솔시내에서의 다윗을 묵상하는 중이었다. 앞서 말했다시피 일을 진행하는 과정에서 중도 하차한 사람들이 있었다. 나는 그들을 불러서 내 사비를 털어 약속했던 비용을 주었다.

"당신은 일을 하지 않았지만, 약속한 비용을 지불하겠습니다."

전혀 일반적이지도 합리적이지도 않은 일인 것을 잘 알지만 나는 말씀 앞에 반응하고 싶었다.

베드로가 예수님께 물었다.

"보소서 우리가 모든 것을 버리고 주를 따랐사온대 그런즉 우리가 무엇을 얻으리이까"(마 19:27).

베드로와 제자들의 헌신은 대단했다. 자신의 모든 가산과 배와 그물과 부모 형제를 버려두고 예수님을 좇았다. 그리고 그들은 예수께 보상을 질문했다.

"내가 주님께 이런 헌신을 드렸습니다. 이제 나는 무엇을 얻을 수 있을까요?"

예수님은 그 질문을 거절하지 않고 대답하셨다. 제자들에게 열두 보좌에 앉을 것과 영생을 상속할 것을 약속하셨다. 하지만 먼저 된 자로서 나중 되고 나중 된 자로서 먼저 될 자가 많다고 말씀하시며 한 가지 비유를 들려주셨다.

어느 날 집주인이 장터에 나가 놀고 있는 품꾼들을 불러 하루 1데나리온의 품삯을 약속하고 포도원에 들여보냈다. 이른 아침에, 아침 9시에, 오후 12시에, 오후 3시에 그리고 일을 마칠 즈음에 주인은 계속해서 품꾼을 데려왔다.

일을 마치고 품삯을 치르는데, 주인은 먼저 온 자나 나중 온 자에게 모두 1데나리온씩 주었다. 나중 온 자들은 1시간밖에 일하지 않았지만 주인은 모두에게 동일하게 대접했다. 이에 먼저 온 자들이 분통을 터트렸다.

그러자 집주인은 "내가 선하므로 네가 악하게 보느냐"(마

20:15)라고 되물었다. 시장논리로 보면 전혀 말이 안 되는 이야기다. 사실 먼저 온 자들에게 1데나리온을 약속했으면 나중 온 자들에게는 그보다 적게 주어야 마땅하다. 하지만 집주인이 아무도 써주지 않는 품꾼들을 구제하려고 애썼다는 사실에 주목해야 한다.

"왜 당신들은 온종일 하는 일 없이 빈둥거리고 있소?"

"아무도 우리에게 일을 시켜주지 않아서, 이러고 있습니다"(마 20:6,7, 새번역).

집주인은 놀고 있는 이들을 어떻게든 구제하려고 애썼다. 이는 그가 무언가 부족해서 품꾼을 쓰는 게 아니라는 말이다. 집주인은 품꾼을 위해 품꾼을 고용했다. 하나님이 우리를 사용하시는 것도 마찬가지이다. 우리는 자주 베드로처럼 주님께 따져 묻는다.

'내가 주님을 위해 모든 것을 버리고 따랐습니다. 이제 우리는 무엇을 얻겠습니까?'

주님은 무엇이 아쉽고 부족해서 우리를 사용하시는 게 아니다. 그분은 모든 것의 주인이시기 때문이다. 주님은 당신의 부족함 때문이 아니라, 우리를 위해 우리를 사용하신다. 사실 우리는 이미 받을 수 없는 큰 선물을 받았다. 성경은 그것을 '은혜'라고 부른다.

절대로 풀려나지 못할
인생의 감옥에서도

어느 날, 끔찍한 악몽을 꾸고 난 뒤 이런 마음이 들었다.

'면도기, 컴퓨터, 휴대폰, 베개, 이불… 이 모든 것이 불타서 없어져도, 내게 아무것도 없어도 주님으로 인해 구원받았다는 사실이 얼마나 감사한가? 꿈속에서 육체의 생명을 위협 받은 것만으로도 극도의 두려움을 느끼는데, 내 영혼이 지옥의 영원한 고통에 처한다면 어떻게 견딜 수 있을까? 그 음부에서 나를 건져주신 하나님의 사랑이 얼마나 큰가!'

'그런즉 우리가 무엇을 얻으리이까?'

이런 보상에 대한 질문은 주님이 우리에게 행하신 일을 실제로 알지 못하여 떠오르는 생각들이다. 사단은 우리와 정면 승부하려 들지 않는다. '하나님을 배반하고 돌아서지 않으면 당장 죽어야 할 거야'라고 대번 우리를 위협하지는 않는다.

다만 하와에게 접근했던 것처럼 역사 속에서 그가 계속 사용했던 방법대로 우리 마음이 주님에게서 멀어지게 만든다. 그분의 마음을 오해하게 만들고, 내 마음이 높아지게 한다.

인자가 온 것은 섬김을 받으려 함이 아니라
도리어 섬기려 하고 자기 목숨을 많은 사람의

대속물로 주려 함이니라

마 20:28

본질은 이렇다. 하나님은 당신의 모든 것을 주셨다. 내 죄에 대한 책임을 예수님이 대신 짊어지심으로 그분의 의를 내가 얻게 되었다. 그 결과로서 나는 하나님을 "아빠 아버지"라고 부를 수 있다. 하나님과 원수 되어 죽을 수밖에 없는 죄인이 나였다는 사실을 안다면 구원의 감격이 넘칠 것이다. 나는 밤이 새도록 수고하여도 무익한 종일 뿐이다.

주님이 이끄신 이런 생각 때문에 나는 일하지 않은 이들에게 약속한 비용을 지불했다. 내가 만나는 모든 사람에게 이렇게 반응하지 않지만, 주님이 말씀하신 시간일지도 모른다는 생각이 들었기 때문이다.

정확한 음성에만 순종하기를 기다린다면 나는 한 걸음도 걷지 못할 것이다. 왜냐하면 인생에는 풀 수 없는 문제들이 가득하기 때문이다.

'하나님, 언제까지입니까?'

'우리의 인생은 어디를 향해 갑니까?'

'당신은 왜 무능력한 분처럼 침묵하십니까?'

헤롯은 세례 요한을 참수하고 야고보를 참수했다. 유대인들의 반응을 살핀 후 그들의 호응에 베드로까지 옥에 가두었

다. 절대로 도망가지 못하게끔 네 명이 한 조를 이룬 네 개의
조가 베드로를 지키게 했다.

절대로 풀지 못할 인생의 감옥에 갇힌 것이다. 베드로는 예
수님을 믿음에도 곤경에 빠졌다. 더욱이 그는 교회의 수장이
었다. 하지만 교회의 기도와 주의 천사의 개입으로 드라마틱
하게 살아났다(행 12:1-12).

천사는 갇힌 베드로에게 "급히 일어나라"라고 지시하고는
그의 탈옥을 이끈다. 하나님이 개입하셨다면 급히 일어나야
할 이유가 뭔가? 느긋하게 움직여도 되지 않을까? 하지만 하
나님은 구체적으로 지시하신다.

우리의 만남, 일, 기다림 등 이 모든 인도하심에는 그분의
질서가 있다. 언제나 멈추라고 하시는 것도, 언제나 절제를 말
씀하시는 것도 아니다. 특별히 원하시는 주님의 때가 있다. 안
타깝게도 그때를 놓치면 다시 오지 않는다. 그래서 나는 더욱
말도 안 되는 상황 가운데 순종하기를 힘쓴다.

어느 새벽에 베드로에게 말씀하신 것처럼 주님이 내게 "급
히 일어나라"라고 부르시면 그곳이 어디든, 죄 가운데 있든,
일 가운데 있든, 쉼 가운데 있든 나는 일어나야만 한다. 일상
속에 그런 시간이 쌓여야만 주님과 호흡하며 걸어갈 수 있기
때문이다.

하나님의 시간은 내가 알지 못하는 지점에 있다. 베드로는

무슨 생각을 하고 있었을까? 감사하게도 이제는 죽음이, 그 두려움의 대상이 더 이상 두렵지 않게 되었다. 죽음보다 크신 분, 죽음보다 사랑하는 분이 그의 안에 살아계시기 때문이다.

아마도 그리운 예수님을 얼굴과 얼굴로 만날 날을 고대하고 있지는 않았을까? 하지만 그날이 지금은 아니었다. 천사가 찾아온 날은 죽게 되었다고 생각한 날의 바로 전날 밤이었다.

하나님이 그를 구했으니, 탈옥에 성공했으니 이제 그는 두려움 없이 거리를 활보해도 되는 걸까? 하나님이 일하시기에 우리는 아무 거리낌 없이 살 수 있을까?

하나님이 일하심에도 불구하고 야고보는 칼로 죽임당했다. 그가 잡혔을 때는 교회가 기도하지 않았을까? 주님과의 동행이 나를 구할 수도 있지만, 그렇지 않을 수도 있다. 베드로는 아침이면 수배자가 되어 피해 다녀야 했으며, 여전히 생명의 위협이라는 현실 앞에서 믿음과의 교차점을 찾아 고민하며 걸어야 했다.

그는 탈옥에는 성공했지만 수배자가 되었다. 요셉은 보디발의 아내의 유혹에서 벗어났지만 강간미수범이 되었다. 다니엘은 창을 열고 하루 세 번씩 기도했지만 사자굴에 던져졌다. 인생은 알지 못하는 것투성이다. 여전히 나와 함께하시는 주님을 믿고, 그 믿음에 반응할 뿐이다. 그렇게 오늘을 살아가야만 한다.

문제를 풀 수 있는
비밀의 열쇠

내가 묵상했던 또 하나의 본문은 브솔시내에서의 다윗이었다 (삼상 30:9,10 참조). 시글락의 본거지가 아말렉에게 약탈당한 후, 다윗 일행은 제대로 쉬지도 못한 채 가족들을 찾아 헤맸다. 얼마나 지쳤던지 600명 중 200명은 지쳐서 브솔시내에서 멈춰 섰다.

찾고자 하는 가치가 너무나 중했지만, 찾을 힘도 없을 뿐더러 아무런 희망이 없어 보여서 중도 포기한 것이다. 하지만 앞서 이야기한 것처럼 광야에 버려진 애굽 사람으로 인해 아말렉의 본거지를 찾을 수 있었다.

그들은 잃은 것 하나 없이 모든 것을 되찾고 노획물도 얻었다. 그들의 기쁨과 환희를 충분히 상상해볼 수 있다. 한편, 잡혀있던 여자들과 아이들은 흙먼지와 소란 속에서 사태를 지켜봤을 것이다. 그들은 내 남편, 내 아버지가 나를 구하러 이곳에 왔다는 소식을 전해 듣고 얼마나 기뻤을까?

하지만 전투를 마치고도 남편과 아버지를 만나지 못한 이들이 있었다. 지쳐서 브솔시내에 머무르라 전투에 함께하지 못한 200명의 식솔들이었다. 아말렉과의 싸움에서 이긴 다윗 일행이 큰 무리를 이끌고 돌아왔을 때, 브솔시내에는 부끄러워 얼굴을 들지 못하는 이들이 기다리고 있었다. 싸워서 이긴 무리들 중 몇 명이 이렇게 말했다.

"이 사람들은 우리와 함께 가지 않았으므로 우리가 갖고 온 것을 나누어줄 필요가 없습니다. 이들의 아내와 자식들만 돌려줘야 합니다"(삼상 30:22, 쉬운성경).

"역사는 편견"이라는 말이 있다. 어떤 관점으로 기록하고 정리하느냐에 따라 전혀 다른 해석이 나오기 때문이다. 나는 신학을 공부하면서 이것을 더 알게 되었다. 성경이라는 똑같은 자료를 가지고도 한 학교의 교수들끼리 모순되는 주장을 하는 것을 종종 보았다.

나는 그 상황이 더없이 감사했다. 충분히 논리적인 근거가 있다고 해서 불변하는 진리라고 말할 수 없다. 서로의 전제와 관점을 가지고 끝없이 토론해도 결국 승자도 패자도 없이 평행선을 달리는 경우를 많이 보았다.

사람은 공기와 물, 빛, 주어진 시간과 장소들 속에서만 경험하고, 깨닫고, 이해할 수밖에 없는 지극히 유한한 존재다. 그래서 '과연 주님 외에 진리라는 것이 존재할까' 하고 자꾸만 되묻게 된다.

비그리의 아들 세바라는 베냐민 사람이 있었다. 그는 압살롬의 반란이 평정되고 난 뒤, 뒤숭숭한 정국에서 나팔을 불면서 소리 질렀다.

"우리는 다윗과 나눌 게 없다. 이새의 아들과 나눌 유산이 없다. 이스라엘아, 모두 자기 장막으로 돌아가라"(삼하 20:1, 우리말성경).

그러자 모든 이스라엘 사람들이 다윗을 떠나 비그리의 아들 세바를 따라갔다. 성경은 세바를 '불량배'라고 평한다. 여기서 불량배로 번역된 "벨리야알"은 '무가치하다, 쓸모없다'라는 뜻이다.

이 단어는 압살롬의 반란 때 피난하던 다윗에게 돌을 던지며 저주한 시므이와 아말렉과의 전투에서 승리한 후 브솔시내에 머무르던 동료들과 전리품 나누기를 거절한 사람들에게 사용되었다.

자신의 관점에 따라 마땅한 말을 한 이 사람들을 성경은 "벨리야알"이라고 칭한다. 아말렉과 싸운 이들만 전리품을 나눠 가져야 한다는 주장에 다윗은 반박한다.

"내 형제들아, 그렇지 않다. 여호와께서 우리를 보호하셔서 우리를 치러 온 군대를 우리 손에 넘겨주셨다. 그러므로 이 모든 것은 여호와께서 주신 것이니 그렇게 생각하면 안 된다"(삼상 30:23, 우리말성경).

같은 싸움을 두고 다윗은 '우리가' 싸워 이긴 것이 아니라 '여호와께서' 보호하시고 싸우셨다고 말한다. 문제만을 바라보는 이들에게 다윗은 문제의 배후를 뒤흔들어버린다. 그리고 문제 너머에 계신 주님께로 시선을 이끈다.

비그리의 아들이 소리친 뒤 이스라엘은 모두 자기 장막으로 돌아갔다. 각기 마음이 갈라진 유대와 이스라엘은 솔로몬의 아들 르호보암에 이르러 결국 완전히 갈라진다. 후에 바울은 사단을 "벨리알"이라고 칭했는데, 이 단어는 히브리어 "벨리야알"을 헬라어로 음역한 것이다(고후 6:15).

사사기 저자는 각자 자기 눈에 옳은 대로 행동하는 것을 경고한다(삿 21:25). 자신들이 보기에 옳은 것을 선택한 결과를 사사기는 비극적인 동족상잔의 이야기로 풀어낸다.

나는 이 말씀들을 묵상한 후, 일하지 않은 이들에게 약속했던 비용을 나눠주었다.

'아말렉과의 전투를 하나님이 승리하게 하셨다면, 지금 내 앞에 닥친 문제 또한 우리가 싸워 이긴 것이 아니라 여호와께서 싸우셔서 해결되었다고 보는 게 마땅하지 않을까?'

그 후 시간이 흘러서 협동조합의 실무 담당자에게서 만나자는 연락이 왔다. 그는 내게 두 가지를 제안했다. 새로운 사업을 시작할 예정인데 그 일을 함께하고 싶다고 했다. 그리고 사업을 통해 얻는 수익의 일부를 고정적으로 내게 지원하고 싶다고 했다. 나는 두 가지 제안을 모두 거절했다. 내게는 마치 사울의 갑옷처럼 느껴졌기 때문이다.

골리앗과의 전투를 앞두고 제대로 된 장비도 없던 다윗에게 사울 왕은 자신의 놋 투구를 씌워주고 갑옷도 입혀주었다. 하지만 사울이 내준 갑옷은 다윗에게 맞지 않았다. 다윗은 거추장스러운 투구와 갑옷을 다 벗어버렸다. 대신 자신의 막대기를 들었다(삼상 17:38-40).

왕의 투구와 갑옷은 전쟁에 긴요하게 사용할 수 있는 하사품이었다. 목숨이 위태로운 전장이기에 골리앗을 상대하려면 무기 하나가 아쉬울 텐데 다윗은 그저 자신에게 익숙한 막대기 한 개를 들었다.

우리가 살아온 인생과 살아갈 인생을 바라보면, 수많은 싸움 앞에서 사울의 투구와 갑옷을 만나게 될 것이다. 결혼을 하고, 육아를 하고, 취업과 미래를 준비하면서 끊임없이 자신에게 맞지 않는 투구와 갑옷을 찾게 될 것이다. 내 몸에 맞지 않아도 갑옷을 입으면 싸움에 유리할 거라는 마음이 생긴다.

물론 다윗은 앞으로의 거듭된 싸움에서 다양한 검술과 창술을 연습할 것이고, 새로운 전술과 전략도 배울 것이다. 하지만 골리앗을 상대하는 중대한 싸움에서 사울의 투구와 갑옷은 짐이 되었다.

우리에게 어울리지 않는다면 드문 기회와 비싼 첨단 무기라 할지라도 거절하고 절제해야 한다. 풀기 힘든 인생의 문제를 마주 대할 때도 주님이 내게 들려주신 막대기면 충분하다. 결과적으로 아무 일이 아닌 것처럼 된 제안이었지만 나는 앞날을 걱정하는 친한 후배에게 이 일을 언급하며 조언해줬다.

"작은 일에 충성할 때 하나님은 네게 더 많은 것을 맡기거나 고을을 다스릴 권세를 주실 거야."

가진 재능이 많을수록 더 현명하고 유리한 판단을 하기 위해 기다리고 기다리느라 정작 작은 일을 간과할 때가 있다. 하지만 내 경험을 돌아보면 대부분의 기회들은 작은 일에 충성했을 때 또 다른 일로 연결되거나, 그 일을 통해 만난 사람과 생각지도 못했던 프로젝트를 진행하는 경우가 많았다. 협동조합의 일을 다 마친 후에 담당자가 새로운 프로젝트를 함께 하자며 제안한 것처럼 말이다.

우리는 흔히 내가 전공한 공부를 통해서만 내 미래가 열릴 것이라고 생각한다. 하지만 주변의 친구들과 선배들의 진로를 살펴도 인생이 그렇게 단순하지 않음을 알 수 있다. 내가 계산한 대로 인생이 풀어지지 않는다.

우리는 멀리 있는 일을 예측하지 못할 뿐 아니라 당장 내일 일도 알지 못한다. 그렇기에 내게 주어진 가장 작은 일에 충성하는 것이 하나님나라를 여는, 좁게는 개인의 인생을 여는 열쇠와도 같다고 나는 믿는다.

3부 ─ 함께하는 믿음

9장

이기는
싸움

이 싸움에서 질 수밖에 없는 이유는 아주 단순하다.
하나님이 함께하시지 않기 때문이다.
긍정적인 마음, 혹은 확신이나 계산으로
우리 인생의 지난한 싸움을 이길 수 있는 것이 아니다.

약속의 땅이
목적이 아니다

얼마 전 광화문에 갔다가 뇌성마비 시인 재완 형을 만났다. 형은 늘 같은 자리에 앉아서 액자나 책을 팔며 시를 쓰곤 하는데, 새로 쓴 시라며 노트를 펼쳐 보여주었다.

모든 것을 다 듣고 계신다.
그가 진정 아버지시다.
만세.

한없이 흔들리는 글자로 쓴 너무나 명징한 내용 앞에 내 마음이 녹았다. 역사 속에, 오늘의 관계 속에 나는 불량배 한 사람으로 전락하지 않기를 기도했다. 내가 두려워해야 할 사관은 주님의 관점이기 때문이다.

그래서 더욱 시험에 들지 않기를 기도했다. 합리적이거나 일반적이지 못한 결정이라는 걸 알지만, 때때마다 주님이 내 마음을 두드리실 때 반응하기를 원하기 때문이다.

이스라엘 백성들이 광야를 헤맨 이유를 생각했다. 그들의 목적인 땅만 소유하고, 하나님을 잊어서는 안 된다. 정말 중요한 것은 하나님의 임재이다. 축복은 좋아하면서도 하나님을 원치 않을 수 있기 때문이다. 우리는 축복해달라는 기도는 많이 하지만, 하나님을 소유하기를 기도하지는 않는다.

하나님은 모세에게 약속한 땅은 주겠지만, 그분은 함께 가지 않겠다고 말씀하셨다.

'나 대신 사자를 보내어 가나안으로 인도하겠다. 약속대로 땅은 허락하겠지만 나는 가지 않겠다.'

모세는 결사적으로 기도했다(출 33:12-16).

'당신이 친히 가지 않으시려거든, 우리만 가게 하시려거든 보내지 마십시오. 나와 주의 백성이 주의 목전에서 은총 입은 줄을 무엇으로 알겠습니까? 주께서 우리와 함께 행하심 때문입니다.'

모세는 하나님의 임재가 세상 그 무엇보다 큰 축복이라는 사실을 알았다. 모세는 이미 왕의 아들로서 세상의 많은 것들을 경험했다. 하지만 주의 영광을 뵙고 나니 그분의 영광 앞에 나머지는 아무것도 아니었다.

만약 여러 결핍이 있어도 주님의 영광이면 충분했다. 우리는 하나님이 필요하지, 약속의 땅이 필요한 것이 아니다. 광야는 먹을 것도 마실 것도 없는 곳이다. 그러니 정착된 곳에 가면 얼마나 좋겠는가? 하지만 그곳에는 위기가 도사리고 있으며 하나님을 놓칠 수 있다.

지금의 시대도 마찬가지다. 우리는 교회에서 여러 가지 일을 열심히 하고 있다. 성가대를 하고, 봉사를 하고, 예배를 드린다. 하지만 그것으로 하나님의 백성이라 구분할 수는 없다.

"나와 주의 백성이 주의 목전에서 은총 입은 줄을 무엇으로 알겠습니까?"

결정적인 기준은 '하나님이 우리와 함께하심'이다. 당신의 백성과 가시적으로 함께하셨던 하나님은 직접 인간의 몸을 입고 이 땅에 오셨고, 이제는 성령으로 함께하신다. 우리 안에 계신 주님으로 말미암아 우리는 그분의 백성이 된다. 그분이 우리가 알지 못하는 선한 일을 이루어가신다.

다윗은 왕이 되기 전에 광야에서 끊임없이 인생을 경험했다. 광야에서의 시간은 수많은 결핍에도 불구하고 '주님으로 인해 인생이 얼마나 충만한가'를 경험하는 역설의 시간이었다.

같은 의미에서 우리 인생에도 일반적이지 않지만 소모적인 것 같은 시간이 필요하다. 그런 시간이 계속되면 내 인생이 망할 것 같지만 신기하게도 그렇지만은 않다. 하나님이 개입하시기 때문이다. 문제는 그 반대의 경우다. 주님이 개입하지 않는 인생, 내버려두는 인생이 비극이며 절망이다.

이스라엘 백성들은 가나안으로의 막바지 여정을 떠났다. 그들은 요단 동쪽의 아모리 왕 시혼도, 바산 왕 옥도 다 쳐서 물리쳐 그들의 땅을 점령했다. 모압 왕 발락은 이스라엘이 아모리인에게 행한 모든 일을 보았으므로 심히 두려워 번민했다(민 22:2,3).

결국 그 위세 앞에 겁을 먹고, 주술자인 발람을 불러 이스라엘을 저주케 하려 했다. 발락의 말로 짐작해보면 당시 발람은 꽤 유명한 주술자였다.

> 나를 위하여 이 백성을 저주하라
> 내가 혹 그들을 쳐서 이겨 이 땅에서 몰아내리라
> 그대가 복을 비는 자는 복을 받고
> 저주하는 자는 저주를 받을 줄을 내가 앎이니라
>
> 민 22:6

발락은 모압 장로들과 미디안 장로들에게 화려한 복채를 들려 발람에게 보냈다. 발람이 하나님께 그들과 가도 되는지 물었을 때 하나님은 그들과 함께 가지도 말고, 그 백성을 저주하지도 말라고 하셨다. 그런데 발람이 또다시 묻자 하나님은 그에게 이렇게 말씀하신다.

"그 사람들이 너를 부르러 왔거든 일어나 함께 가라"(민 22:20).

발람은 말씀에 순종하여 아침에 일어나 자기 나귀에 안장을 지우고 발락에게로 향했다. 그런데 여호와의 사자가 길 가운데서 칼을 빼어 그를 죽이려 했다. 발람의 나귀가 결국 그를 세 번이나 구하긴 했지만, 이것은 어떻게 이해해야 할까?

하나님은 발람에게 가지 말라고 하셨다가 다시 그들을 따라가라고 하시고는 말씀에 순종해서 가는 사람을 죽이려고 하신다. 하지만 조금만 들여다보면 그 속에 얼마나 많은 이야기가 담겨있는지 모른다.

발람은 분명 가지 말라는 하나님의 음성을 들었다. 하나님은 그들을 저주하지도 말고, 함께 가지도 말라고 하셨다. 왜냐하면 그들은 복을 받은 자들이기 때문이다(민 22:12). 하지만 발락은 발람에게 더 높은 고관을 보내어 그를 높여 크게 존귀하게 하겠다며, 무슨 소원이든 들어줄 것을 약속했다.

발람은 이 제안에 가슴이 뛰었을 것이다. 이미 마음이 넘어

갔을지도 모른다. 그는 밤마다 하나님을 찾아가 자신이 듣고
싶은 음성을 들으려고 했는지도 모른다.

'가라.'

하나님은 발람이 원하는 대답을 해주셨다. 그것은 그가 당
장이라도 듣고 싶던 응답이었다. 하지만 결과적으로는 얼마
나 두려운 일이 되었는가? 결국 하나님은 발람의 욕심이 이끄
는 대로 그를 내버려두신 것이다.

많은 사람이 자신의 욕심이 이끄는 대로 살아가며 '하나님
은 이런 나를 이해하실 거야'라고 스스로 하나님의 위로를 챙
기고는 자기가 원하는 길을 선택하여 걸어간다.

그런 막연함과 안일함의 결과는 무엇인가? 어쩌면 하나님
이 더 적극적으로 개입하고 막으시는 것이 축복일지도 모른
다. 내 욕심대로, 흘러가는 대로 살아가는 인생을 향해 베드로
후서는 이렇게 말한다.

그들은 바른 길을 버리고, 그릇된 길로 갔습니다.

불의의 삯을 사랑한 불의의 아들

발람의 길을 따라간 것입니다.

그러나 발람은 자기의 범죄에 대하여 책망을 들었습니다.

말 못하는 나귀가 사람의 소리로 말하여

이 예언자의 미친 행동을 막은 것입니다.

이 사람들은 물 없는 샘이요, 폭풍에 밀려가는 안개입니다.

벧후 2:15-17, 새번역

다행히도 발람의 말 못하는 나귀가 그의 미친 행동을 기적적으로 막아주었다. 내가 욕심을 따라 흘러갈 때 과연 누가 막아줄 수 있을까? 내 욕심을 좇아 하나님의 음성과 응답을 따내려 한다면 칭호만 다를 뿐 수많은 잡신을 대하는 것과 다를 바가 없다.

결코
실패라고 생각하지 않는다

1975년, 시내반도 북쪽 쿤틸렛 아즈룻에서 기원전 8세기경의 것으로 추정되는 항아리가 발굴되었다. 그 항아리에는 그림과 함께 '여호와와 그의 아세라'라고 적혀있었다고 한다. 급속도로 가나안화된 이스라엘 사람들은 여호와를 믿는 동시에 온갖 신들을 겸하여 믿었다.

농경 시대에는 비를 내리고 풍년을 약속해주는 바알과 아세라를 겸하여 섬겼다. 지금 시대에도 실용적이거나 합리적인 신을 겸하여 섬기는 것처럼.

이스라엘 백성들이 성막을 온전히 세웠을 때 하나님과 더없이 가까웠던 모세조차도 회막에 들어갈 수 없었다. 하나님의 영광을 상징하는 구름이 회막 위에 머물고, 여호와의 영광이 성막에 가득했기 때문이다(출 40:34,35).

모세도 하나님이 "오라"고 말씀하셔야 그분의 영광에 참여할 수 있었다. 또한 이스라엘 백성은 구름이 이동하면 가고, 멈추면 서야 했다(출 40:36,37).

요셉은 보디발의 아내의 끈질긴 유혹 앞에 "내가 어찌 이 큰 악을 행하여 여호와께 득죄하리요"라며 거절했지만 결국 강간범으로 몰려 감옥에 들어갔다. 그의 인생은 실패한 인생이 되었다. 하지만 정말로 실패한 인생인가? 성경은 이렇게 말한다.

"요셉이 옥에 갇혔으나 여호와께서 요셉과 함께하시고"(창 39:20,21).

옥에 갇힌 것이 실패한 인생이 아니라, 여호와께서 함께하시지 않는 것이 실패한 인생이다. 우리 인생에 하나님을 빼버리면 실패한 인생이 되고 만다.

여러분은 빛을 받은 뒤에, 고난의 싸움을 많이 견디어낸
그 처음 시절을 되새기십시오.
여러분은 때로는 모욕과 환난을 당하여, 구경거리가 되기도 하고,

그런 처지에 놓인 사람들의 친구가 되기도 하였습니다.

여러분은 감옥에 갇힌 사람들과 고통을 함께 나누었고,

또한 자기 소유를 빼앗기는 일이 있어도,

그보다 더 좋고 더 영구한 재산이 있다는 것을 알고서,

그런 일을 기쁘게 당하였습니다.

그러므로 여러분의 확신을 버리지 마십시오.

그 확신에는 큰 상이 붙어있습니다.

여러분이 하나님의 뜻을 행하고서,

그 약속해주신 것을 받으려면, 인내가 필요합니다.

히 10:32-36, 새번역

잠시 잠깐 후면 오실 이가 오시리니 지체하지 아니하시리라

나의 의인은 믿음으로 말미암아 살리라

또한 뒤로 물러가면 내 마음이

그를 기뻐하지 아니하리라 하셨느니라

우리는 뒤로 물러가 멸망할 자가 아니요

오직 영혼을 구원함에 이르는 믿음을 가진 자니라

히 10:37-39

**자신의 재능을 발견하고 달란트를 지속적으로 발전시키되,
이 일이 내게 아무 수익을 주지 않더라도 계속해나갈 의지가**

있는지가 처음 제기한 질문에 중요한 기준이 된다.

수익이 보장되지 않아도 자신의 재능과 달란트를 계속 발전시켜 나가면 처음에는 아무것도 아니던 작은 일들이 쓸 만한 도구로 자리잡는다. 그렇다고 그 일이 꼭 수익으로 연결되진 않는다.

달란트를 발견하고 일을 계속해나가면서 성공만을 목표로 삼으면 힘들어진다. 성공은 손에 잡히지 않는 성질의 것이기 때문이다. 흔히 성공을 주변 사람들이 모두 인정해주는 정도의 위치나 꽤 안정된 수준에 오르는 것으로 생각한다. 사실 그렇게 되기까지는 수많은 경쟁자들을 만난다.

기도하는 크리스천이기 때문에 모든 경쟁자들을 압도하고 그런 위치에 도달할 수 있다고 공수표를 날릴 수는 없다. 그뿐 아니라 단기적으로 혹은 결과적으로 성공하지 못할 수도 있다. 인생은 그렇게 단순하지 않다.

"이렇게 하면 성공한다. 저렇게 하면 성공한다"라고 말한다고 결과가 따라오지는 않는다. 배우만 보더라도 그저 외모가 뛰어나거나 연기력이 좋다고 성공하지 않는다. 좋은 대본이나 기획사, 시대적 상황, 선호도 등 자신의 노력만이 아닌 외부적인 요인과 우연적인 요소까지 잘 맞아떨어져야 성공한 배우가 될 수 있다.

그러나 성공 대신 과정이나 순종에 의미를 두면 우리는 뜻하지 않은 기쁨을 누릴 수 있다. 성공한다는 것은 내게 사치 같았다. 차라리 '실패하지 않는 것'이 더 친근하게 다가왔다.

수년에 걸쳐 〈요셉일기〉라는 이름으로 사람들을 만나서 사진을 찍고 인터뷰를 했다. 대단하거나 유명하지 않은 길 위의 사람들이지만 하나님을 사랑한다는 공통점을 가진 이들을 지속적으로 만났다.

나는 그들의 사진을 찍고 인터뷰했으며, 그 이야기들을 혼자만의 일기장에 적어두기도 했고 사람들과 함께 나누기도 했다. 이 일은 내게 아무런 수익을 가져다주지 않았지만, 숨은 천국의 사람들을 나누고 그들이 가진 신앙적 의미를 말하는 것만으로 가치 있다고 생각했다.

시간이 꽤 흐른 뒤에 몇 가지 이야기를 추려서 책을 펴내게 되었다. 많이 판매되진 않았지만, 나는 그 시간과 결과물을 실패라고 생각하지 않는다.

교회와 목회자에게 심한 상처를 입고 믿음의 빛을 잃었던 한 지인이 이 책을 통해 위로를 얻었다. 그는 책에 나온 주인공들을 찾아다니며 함께 예배드렸고, 결국 가난한 나라의 오지 선교사로 떠나 지금까지 아름답게 사역하고 있다.

나는 이 한 사람에게 일어난 변화를 성공이라고 생각한다. 당장 내 손에 쥐어진 성공은 아니지만, 주님의 나라를 향한 진심은 내가 알지 못하는 곳에서 열매 맺는다고 믿기 때문이다.

그 시간과 수고를
내가 안다

우리가 사는 세상은 자주 우리의 진심을 몰라준다. 고등학교 시절 수업시간에 친구가 억울하게 선생님께 호되게 매맞은 적이 있었다. 나는 그의 억울함을 풀어주고 싶어서 쉬는 시간에 용기를 내서 교무실 문을 열고는 선생님께 말했다.

"선생님, 아까는 그 친구의 잘못이 아니었어요!"

장기를 두던 선생님은 잠시 얼굴을 돌려 나를 보더니 말했다.

"응, 그래. 알았다. 돌아가 봐."

"네? 네, 알겠습니다."

나는 교무실 문을 여는 순간까지 두근거리는 가슴을 진정시키며 큰 용기를 냈다. 하지만 내가 기대하던 문제 해결과는 전혀 다른 반응에 힘이 빠졌다. 그때 느낀 회의와 무안과 무력감은 말로 다 표현할 수 없었다.

나는 말을 잘 못하는 사람이다. 그래도 진심으로 말하면 상대방도 언젠가 알아줄 거라고 생각했다. 하지만 많은 경우에 진심은 곡해되거나 무시되었다. 많은 이들이 문제와 갈등을 풀어내려고 용기를 내고, 목소리를 내지만 생각보다 해결은 쉽지 않다.

각자의 이해관계와 중요하다고 생각하는 관점이 다르기 때문이다. 우리가 진심을 담거나 용기 내어 말하는 목적이 문제 해결에만 있다면, 변하지 않는 상대의 냉담한 반응 앞에서 무기력함으로 절망할지도 모른다.

하지만 용기 내는 자체, 순종하는 자체에 의미를 둔다면 과정만으로도 충분히 가치가 있다. 아무도 들어주지 않고, 혼자 울며 아파했던 시간인 줄 알았는데 시간이 지나 돌아보면 주님이 함께하셨음을 알게 된다.

'그래, 내가 그 진심을 안다. 그 수고를 안다.'

어느 방송 녹화를 모두 마친 다음, 스태프들과 인사를 나누고 헤어지는데 한 카메라 감독이 내게 다가와 말했다.

"내가 고민했던 것, 하나님께 질문했던 것을 당신이 단어 하나까지도 정확히 말해주었습니다. 정말 고맙습니다."

이 말 한마디에 내가 더 큰 위로를 받았다.

'주님, 이 녹화를 통해 하나님이 만나길 원하시는 한 사람에게 꼭 필요한 답을 주세요.'

내가 녹화하는 동안 드린 기도였다.

너는
나만 바라보면 된단다

결혼하고 1년간 사랑하기를 연습하고 순종했다. 나는 그 시간을 통해 하나님께 사랑을 배웠다. 사랑이 무엇인지 하나님께 묻고 또 물었던 데 대한 답을 얻은 것만 같았다.

흔히 '전심을 다해 사랑해주는 사람이 있다면 상대는 행복하겠다'라고 생각하지만 사람의 행복은 영원하지 않다. 애써 채워보려 하지만 채울 수 없는 허기를 과연 누가 채울 수 있을까? 영원히 사는 법을 궁금해하는 것처럼 영원히 사랑하는 법도 주님께 답이 있었다.

영원히 사랑하는 법은 주님을 가장 사랑하고, 그분께서 사랑하라고 하신 명령에 순종해서 사랑하는 것이다. 그러면 상대방의 연약함이나 반응과 상관없이 매일 사랑할 수 있다. 사랑을 연습하는 동안 나는 내가 해오던 일을 더 이상 할 수 없었다. 사랑을 배웠지만 대신 무능력해졌다.

'이제 나는 어떻게 해야 하는가?'

그 시기에 주님은 자연스럽게 내게 신학을 배우게 하셨다. 내가 알아야 할 기초와 같다는 주님이 주신 감동에 나는 순종했다. 다시 얼마의 시간이 흘러 강도사 고시를 다 치르고, 목사 고시와 안수만을 남겨두었다.

그런데 마지막 관련 서류에 도장을 받으러 가는 차 안에서 주님은 내게 '멈춰 기다리라'라는 마음을 주셨다. 그때부터 또 다른 고민이 시작되었다.

'주님, 최종적으로 나는 어떻게 해야 하나요?'

하지만 주님은 침묵하셨고, 마음이 조급해져 갔다. 어느 쪽으로든 결정 나길 바랐다.

'주님이 말씀하시면 감사함으로 이 길을 걷겠습니다. 그게 아니라면 미련 없이 다른 길을 걷겠습니다.'

하지만 시간이 쌓이며 기도가 바뀌기 시작했다.

'주님의 침묵 앞에 조급해하지 않겠습니다. 사울 왕처럼 앞서지 않겠습니다. 다시 처음부터 무언가를 시작하는 것도 두려워하지 않겠습니다.'

사울은 블레셋과의 전투에서 승리를 얻지 못하면 다음 기회를 얻지 못할 것 같아서 사무엘을 기다리지 않고 군사를 일으켰다. 결국 사울 왕의 선택은 적중했고, 이스라엘은 승리했다. 하지만 하나님은 그를 버리셨다. 이 슬픈 그림을 보며 나는 기도했다.

'극단적이지만 블레셋에 패배하더라도 하나님을 기다리겠습니다. 처음부터 다시 시작하더라도 막막해하지 않겠습니다. 다시 침묵하셔도 조급해하지 않겠습니다. 그저 주님께서 오늘 내게 하시는 말씀 앞에 순종하겠습니다.

만일 탑을 쌓다가 마지막 블록 하나를 올려 완성하기 직전이라 해도 주님이 말씀하지 않으시면 다 허물어버리겠습니다. 주님이 다시 탑을 올리라고 말씀하시면 그때부터 감사함으로 가장 밑바닥 하나부터 다시 쌓아 올리겠습니다.'

그제야 내 마음이 평온해짐을 느꼈다. 몇 년 동안의 과정을 허무는 게 두려웠던 모양이었다. '이제 임박했다고, 마지막이니 어서 말씀하시라고 하는 것이 아니라, 주님이 말씀하시면 거기에 반응하겠습니다.'

나를 향한 주님의 뜻이 궁금할 때, 수많은 문제 속에서 주님의 뜻을 찾으려 할 때 내가 사용하는 몇 가지 방법이 있다. 그중 하나는 복잡하게 얽혀있는 문제를 보다 단순하게 만드는 것이다. 얽힌 문제 속에서 주님의 뜻을 분별하려 들면 좀처럼 해법을 찾기가 힘들다.

문제 속에서 내 기득권을 배제하고, 하나님의 뜻에 순종할지, 대가 지불을 할지, 후폭풍을 감당할지를 다 제외하면 생각보다 문제는 단순해진다.

그리고 주님의 뜻을 찾은 이후에 순종할 것인가 그러지 않을 것인가를 생각한다. 아무리 풀어내도 여전히 묶여있거나 이도저도 알 수 없을 때는 내가 불리하거나 불편한 쪽을 선택하면 많은 경우에 적절했다.

"주님께서 말씀하신 그곳으로 올라가자. 우리가 잘못했다"
(민 14:40, 새번역).

대단한 믿음의 고백처럼 들리지만 그곳에 올라간 모든 사
람이 죽임을 당했다.

과연 믿음으로 살아간다는 건 어떤 의미인가? 가나안 땅을
믿음으로 취하라는 하나님의 명령에 대항했던 이스라엘 백성
들은 심판받았다. 그 땅을 악평한 자는 죽었고, 나머지는 40년
간 자신들의 죄의 짐을 지게 되었다.

이 소식을 듣고 이스라엘 백성들은 슬퍼하며 잠이 들었다.
그리고 다음 날 아침 일찍, 약속의 땅을 차지하자며 산꼭대기
에 올랐다.

"우리가 잘못했다. 주님께서 말씀하신 그곳으로 올라가
자."

얼마나 믿음과 용기 있는 행동인가? 하지만 모세는 그들을
말리며 말했다.

"어째서 너희는 여호와의 명령에 순종하지 않느냐?"

'약속의 땅을 차지하지 않았기에 심판받았으니 그와 반대
로 행동하면 기뻐하시겠지'라는 등식은 하나님을 단순 기계
로 여겼기에 나온 것이다.

엘리 시대, 블레셋과의 싸움에서 패배한 이스라엘은 하나
님의 임재 상징인 법궤를 전쟁터에 가지고 나갔다(삼상 4:3,4).

법궤가 있기에 승리할 거라 믿었던 그들은 이전보다 더 큰 패배를 맛보았다. 자신들의 승리라는 목적에 하나님을 기계적으로 끌어다 사용한 결과였다.

산꼭대기에서 살육당하는 장면, 블레셋과의 싸움에서 패배한 장면을 상상하면 너무도 끔찍하다. 자신들은 믿음대로 싸웠는데 전쟁에서 패배했다고 도리어 하나님을 원망하지는 않을까 두렵다.

모세는 분명히 이야기한다.

"올라가지 마십시오. 주님께서 당신들 가운데 계시지 않습니다. 당신들은 적에게 패합니다… 당신들은 칼을 맞고 쓰러집니다. 당신들이 주님을 등지고 돌아섰으니, 주님께서 당신들과 함께 계시지 않습니다"(민 14:42,43, 새번역).

이 싸움에서 질 수밖에 없는 이유는 아주 단순하다. 하나님이 함께하시지 않기 때문이다. 긍정적인 마음, 혹은 확신이나 계산으로 우리 인생의 지난한 싸움을 이길 수 있는 것이 아니다.

하나님이 함께하느냐 그렇지 않느냐의 문제이다. 40년이 지난 후, 이스라엘이 본격적으로 가나안과 전쟁할 때도 마찬가지였다. 철옹성과 같던 여리고와의 싸움에서 승리한 이유와 상대적으로 싸우기 수월했던 아이성과의 싸움에서 패배한 이유도 이와 닮아있다.

211

하나님은 오늘 우리의 싸움에서 무엇이라고 말씀하시는 가? 좀 더 확신에 찬 상태로, 긍정적인 마음으로 싸우라고 하지 않으셨다. 아브라함의 하나님, 이삭의 하나님, 야곱의 하나님이라고 말씀하신 것처럼 우리는 지금도 여전히 일하시는 하나님의 임재로 살아간다.

오늘 나와 함께 살자.

오늘 나와 함께 걷자.

오늘처럼 내일을 걸으면 된단다.

사람들은 그런 너를 보고 혀를 차겠지만

너는 나만 바라보면 된단다.

수고하고 무거운 짐 진 자야,

내게로 오렴.

10장

삶으로
그림

사람들은 어려운 상황에 처하면
주님의 뜻이 무엇인지 묻는다.
만일 정말 주님의 뜻이 무엇인지 궁금하다면
내가 서있는 상황에서 우선 나를 배제하는 것이 필요하다.

인생의 목적은
자아성취가 아니다

어릴 때부터 나는 내 생각을 무언가로 표현할 수 있는 사람이
되고 싶었다. 어떤 가치를 사람들이 공감할 수 있게 나누는 것
을 아름답다고 생각했던 것 같다.

　그런데 노래를 잘 부르거나 악기를 잘 다루는 사람은 그리
부럽지 않았는데, 글을 잘 쓰거나 그림을 잘 그리는 사람은 매
우 부러웠다. 그래서 수능시험을 치르고 가장 먼저 찾아간 곳
이 미술학원이었다. 부푼 가슴을 안고 갔는데 학원비를 듣고
돌아 나와야만 했다.

214

단지 간단한 그림 연습만을 하기에는 10만 원이 넘는 금액이 부담되었다. 당시 주유소에서 아르바이트를 했는데, 반나절 꼬박 일하고 한 달에 30만 원을 받았다. 그중 3분의 1을 취미생활에 쓸 엄두가 나지 않았다.

언젠가 만화를 그리는 동생 민석이와 정혜 곁에서 그들의 작품을 구경했다.

"참, 좋네…."

이 말에 얼마나 많은 감정이 묻어있는지 그들은 몰랐을 것이다. 그림을 향한 내 알 수 없는 갈망, 잡히지 않는 구름 같은 무언가를 하나님께 조용히 여쭈었다.

'하나님, 저도 그림을 그리고 싶어요.'

그때 하나님이 내 심장에 대고 따뜻하게 말씀하셨다.

'그래, 저 친구는 만화로 사람들에게 내 마음을 나누려고 하지. 하지만 너는 살아온 삶으로 그림을 그릴 수 있단다. 나는 그림을 그리는 도구가 무엇이든 상관없어. 네가 그린 인생을 통해 사람들에게 내 마음을 나누어주렴. 내가 그것을 얼마나 기뻐하는지, 너는 이미 잘 알고 있단다.'

글을 쓰고, 그림을 그리고, 노래를 부르는 궁극적인 목적이 결국 하나님을 기쁘게 해드리는 것이라면, 도구가 무엇이든 상관없다는 말씀이었다.

'그렇다면 나는 지금 연주하고, 그림을 그리고, 노래를 부

르고 있다.'

신학대학원의 마지막 학기, 교수님은 성경필사 수업의 과
제 채점 기준을 말씀하셨다.

"성경필사를 다른 사람이 대필한 경우 0점 처리합니다."

그런데 나는 성경필사를 아내에게 맡겼다. 아내가 성경을
쓰는 동안 나는 아이들과 시간을 보냈다. 아내의 경건생활에
도 도움이 되고, 내가 가족과 보내는 시간도 소중하다고 생각
했다. 그래서 이 일이 전혀 양심에 걸리지 않았고, 나뿐 아니
라 많은 사람들이 그렇게 했다. 하지만 농담처럼 던진 교수님
의 말씀이 내 마음에 걸렸다. 듣기 전에는 전혀 죄가 되지 않
았지만 듣는 순간 나는 반응하고, 책임져야 했다. "이것이 죄
다"라고 규정하면 그것은 죄가 된다.

그런즉 선한 것(계명)이 내게 사망이 되었느냐

그럴 수 없느니라

오직 죄가 죄로 드러나기 위하여

선한 그것으로 말미암아 나를 죽게 만들었으니

이는 계명으로 말미암아 죄로 심히 죄 되게 하려 함이라

롬 7:13

'이 문제를 어떻게 해결할 것이냐'가 내게 숙제처럼 남았다. 아무 일 없다는 듯 살아가면 아무 일도 아니겠지만 그럴수는 없었다. 왜냐하면 내 안에 성령께서 말씀하시는 것을 외면할 수 없었기 때문이다. 위축된 마음으로 집에 돌아와서 아내와 기도했다.

생각보다 쉽지 않은 문제였다. 다른 학기였다면 결정내리기가 어렵지 않았을 텐데, 더구나 수업 첫 시간이었으면 '이제부터 잘 해나가자'라고 마음을 다잡으면 되었을 텐데, 이미 마지막 학기의 마지막 수업이었다.

꼬박꼬박 과제물을 제출하고 종강을 바라보는데, 내 선택에 따라 A학점 이상 받을 성적이 F학점이 될 수 있었다. 게다가 졸업을 위한 최소이수학점에 맞춘 상태였기에 한 과목 때문에 졸업에도 지장이 생길 수 있었다. 희생해야 할 게 너무 많았다.

잠자리에 누워서도 쉽게 잠들지 못했다. 선택에 따른 결과를 감당하기가 부담스러웠지만, 그렇다고 원수에게 틈을 내주는 것도 싫었다. 내가 내어준 틈으로 하나님의 영광을 가리는 건 더욱 싫었다.

그래서 새벽에 일어나 학교로 달려가서 담당 과목의 교수님을 찾았다. 고민을 계속하면 하나님을 묵상하는 대신, 고민을 묵상하게 될 것이기 때문이었다.

"교수님, 아내가 성경필사를 대필했습니다. 어제 말씀하신 채점 기준을 듣고 사실을 말해야 한다는 부담이 생겼습니다."

내 인생의 주인은 내가 아니라 주님이시며, 내 인생의 목적은 자아성취나 성공이 아니었기 때문이다.

방을 나오는 짧은 시간 동안 내 마음에 기쁨과 평강이 차오름을 느꼈다. 내가 고민했던 모든 것이 아무것도 아닌 것처럼 느껴졌다.

'힘든 결정이었을 텐데. 고맙다, 내 아들.'

아버지가 내 안에서 따스하게 말씀하셨다.

'예, 아빠, 내 인생은 내 것이 아니라 아버지의 것입니다. 마치 내가 주인인 양 살아서 만들어낸 좋지 않은 결과들을 하나씩 하나씩 고쳐주세요.'

이 땅은
유토피아가 아니다

사람들은 어려운 상황에 처하면 주님의 뜻이 무엇인지 묻는다. 만일 정말 주님의 뜻이 궁금하다면 내가 서 있는 상황에서 우선 나를 배제하는 것이 필요하다. 나를 배제하지 않으면 믿음의 선택에 대한 책임을 감당해야 한다는 부담으로 혼란스럽다. 복잡한 생각은 더욱 주님의 뜻을 분별하지 못하게 내 마음을 어지럽힌다.

'만일 아버지의 뜻이라면 순종할 것인가, 순종하지 않을 것인가?'

이 문제는 나중에 고민하기로 하고, 우선은 이 상황에서 주님의 뜻이 무엇인지에 집중하면 알게 된다. 하나님의 뜻은 많은 경우에 단순하다. 그 단순한 답에 순종하려면 우리의 대가 지불이 필요하다. 그것을 감당할 수 있으려면 내가 어떤 존재인지, 하나님이 어떤 분이신지 생각해야만 한다.

"여수룬"은 '똑바르다, 올바르다'라는 뜻에서 나온 말로, '하나님의 사랑을 받아 의로운 자'라는 의미이다. 하나님은 이스라엘을 '여수룬'이라고 부르셨다. 그들이 선한 행동을 해서가 아니라 하나님의 사랑을 받았기 때문이다.

하지만 여수룬은 기름져 살찌고 비대하고 윤택해져서 하나님을 버리고 그 구원자를 업신여기게 될 것이다(신 32:15). 이것은 모세의 노래에 나오는 이야기다. 앞으로 그 이야기처럼 살아갈 이스라엘 백성들이 이 노래를 기억하고 돌아오길 바라는 하나님의 마음이 담겨있다.

하나님은 당신의 얼굴을 숨겨 마침내 그들이 어떻게 되는지를 두고 보겠다고 하셨다(신 32:20). 우리는 그분과의 관계가 단절되면 그저 역동적인 삶을 살지 못하는 정도로 생각한다. 선교적인 삶을 살지 못할 뿐 그저 평범한 일상을 살아가리라고 여긴다. 하지만 그것도 막연한 우리의 바람이다.

하나님은 어떤 분이신가? 이 땅에 수많은 신이 있고 그 신들이 이 땅을 떠받치고 있으며, 하나님은 그저 자신의 종교를 확장하는 취향을 가진 분으로 여긴다면, 그분은 그저 우리의 관심을 받고자 하는 질투의 화신일 뿐이다.

하나님은 어떤 분이신가? 그분은 이 땅의 주인이시다. 나를 지으신 분이며, 내 주인이시며, 온 땅의 주인이시다. 내 몸이 내 것이라서 그분께 내 사랑과 헌신을 나누어드린다는 개념이 아니다.

내가 인식하든 하지 못하든, 나는 원래 하나님의 것이다. 그런데 인간이 독립을 선언했다. '나는 내 것이다!'라고. 하지만 그 또한 엄밀히 말해 독립이 아니다. 하나님이 아닌 다른 주인을 섬긴다는 말이다.

하나님 아닌 다른 주인을 통칭하면 '우상'이다. 하나님은 십계명의 가장 첫 번째에서 이미 말씀하셨다(출 20:3). 하나님보다 사랑하는 모든 것이 우상이 될 수 있다. 우리가 생각하는 신들은 그저 돌이나 나무처럼 아무것도 아니다. 그런 것들에 마음을 빼앗긴다면 구원자를 업신여기는 것과 같다.

하나님은 온갖 재앙을 그들에게 퍼붓고 당신의 화살을 모조리 쏘겠다고 말씀하신다(신 32:23). 하나님의 화살이 다할 때까지 전력으로 쏘겠다고 경고하신다.

하나님이 우리를 위하시면 우리의 적대자는 결코 살아남을 수 없듯이, 우리가 주의 적대자가 되면 결코 살지 못한다. 하늘의 주인이신 하나님이 하늘에서 화살을 쏜다고 생각해보자. 하늘은 화살로 가득 차 흑암이 될 것이다. 그 화살이 땅에 날아와 박히면 살아서 서 있을 생명체나 빈자리가 어디 있겠는가.

이 땅의 모든 것이 하나님의 은혜의 도구가 될 수 있지만, 우리가 그분의 반대편에 서면 도리어 심판의 도구가 된다. 안타깝게도 하나님의 진노 아래 있는 인간은 자신이 겪는 저주와 슬픔의 원인을 다른 곳에서 찾으려 한다. 하지만 그것은 하나님을 외면한 결과이다. 그래놓고 인간은 하나님이 자신을 도와주지 않는다고 원망한다.

이스라엘 백성들이 광야를 떠돌 때 그곳에는 수많은 전갈과 독사가 있었다(신 8:15). 하지만 그들 중에 전갈이나 독사에게 물린 자는 없었다. 그러나 그들이 "광야에서 우리가 죽게 되었다"라며 모세와 하나님을 원망했을 때 광야의 불뱀에 물려 진짜 죽게 되었다(민 21:6). 불뱀은 그들이 거니는 곳에 늘 있어왔지만 하나님의 특별한 은혜 가운데 보호받고 있었음을 그전까지는 알지 못했던 것이다.

그들이 죽을 것 같다고 여기는 상황들은 실제로 죽게 만드는 요소들이 아니었다. 정말로 그들을 죽게 만든 건 하나님을 향한 '불신'과 구원자와의 '단절'이었다. 그들이 죽게 되었다고 말했을 때 하나님은 그들이 죽도록 '내버려두셨다.'

나는 이 땅을 유토피아로 생각하지 않는다. 이 땅에는 아픔과 눈물이 가득하다. 하나님이 내버려두시면 우리는 고통하며 죽을 수밖에 없다.

"내가 그들을 흩어서 사람들 사이에서 그들에 대한 기억이 끊어지게 하리라"(신 32:26)라는 준엄한 경고의 말씀을 보면서 '이스라엘은 하나님께 패역했으므로 하나님의 분노의 화살을 맞아 모두 사라졌다. 하나님의 백성이 다 흩어져서 아무도 그들을 기억할 수 없다'라고 생각할지도 모른다.

하지만 하나님은 그렇게 하지 않으신다. 그들은 여전히 당신의 백성이므로. 그들을 징벌하심을 통해 원하시는 것은 결국 당신의 백성이 다시 주님께로 돌아오는 것이다. 이스라엘의 원수를 포함한 모든 나라에게 하나님은 이렇게 외치신다.

"모든 나라들아, 주님의 백성과 함께 즐거워하여라. 주님께서 그 종들의 피를 흘린 자에게 원수를 갚으시고 당신의 대적들에게 복수하신다. 당신의 땅과 백성이 지은 죄를 속하여 주신다"(신 32:43, 새번역).

원수들은 절대 자신의 힘으로 이스라엘을 이겼다고 말해서는 안 된다(신 32:27). 이스라엘은 여전히 하나님의 여수룬이기 때문이다. 하나님의 신실하신 언약이 인간의 연약함으로 말미암아 폐하여졌다고 말할 수 없다.

하나님은 당신의 영광을 영원히 잃지 않으신다. 역사의 주관자이신 하나님의 언약은 그분 스스로 성취하신다. 우리는 주님의 백성과 함께 주님의 공의로우신 심판과 회복의 구원 사역을 즐거워해야 한다(신 32:43).

어떻게 원수 한 사람이 이스라엘 사람 천 명을 물리치고, 둘이서 만 명을 도망치게 할 수 있었을까(신 32:30). 사무엘은 지난 사사 시대를 이렇게 평했다.

> 그 백성들은 그들의 하나님 여호와를 잊어버렸다.
> 그래서 하나님께서는 하솔 군대의 사령관인 시스라와
> 블레셋 사람들과 모압 왕을 통해 그들을 치게 하셨다.
>
> 삼상 12:9, 우리말성경

유다 왕 요아스 때에 아람 군대가 쳐들어왔다. 아람 군대가 적은 무리로 왔으나 여호와께서 심히 큰 군대를 그들의 손에 넘기셨다. 유다 사람들이 그들의 조상의 하나님 여호와를 버렸기 때문이다(대하 24:24). 원수까지도 아는 사실을 정작 본인은 깨닫지 못한다며 하나님은 안타까워하신다(신 32:31).

"자기들이 왜 패배를 당하였는지를 깨달을 지혜라도 있었으면 좋으련만! 그들의 종말이 어떻게 될지, 깨닫기만이라도 했으면 좋으련만!"(신 32:29, 새번역)

하나님은 이스라엘에게 물으신다(신 32:37,38).

"너희가 섬기던 그 신들이 어디에 있느냐? 그들이 일어나 너희를 돕게 하고, 너희의 피난처가 되게 하라."

하지만 그것들은 침묵한다.

주님이 내게
그분의 빛을 비추셨다

주님은 오늘날 우리에게도 물으신다. 이에 내가 의지하는 그 무언가로 바꾸어 답하면 될 것이다. 돈과 보험, 연금, 부동산, 여러 사상과 이념들.

그것 자체가 나쁜 것은 아니지만, 하나님과 동등하게 여기며 저울질하는 우리에게 물으신다. 하나님의 숨소리에 거품처럼 사라질 것들이기에. 하나님의 심판 아래 우리가 섬기던 우상들은 내게 아무 도움도 주지 못함을 알게 될 것이다.

우상은 헛된 것이다. 오늘과 내일, 인생의 짧은 면만을 좁게 보고 조급해하는 게 인간이다. 하나님은 내게 물으신다. 보이지 않는 주님을 보이는 것처럼 살 수 있겠냐고.

앞서 말했듯이 이 이야기는 모세의 노래 속에 있는 내용들이다(신 32:15 참조). 아직 이스라엘 백성들이 약속의 땅을 밟지도 않은 상태에서 부른 노래다. 그들은 이 노래의 가사들을 전혀 실감하지 못했을 것이다.

어떻게 전쟁을 앞두고 두려움 가운데 있는 이들이, 여전히 하늘에서 내리는 만나를 먹으며 사는 이들이, 배부름을 아직 경험하지도 못한 이들이 자신들이 배불러서 하나님을 버리고 우상을 섬길 것을 상상이나 할 수 있었을까?

그래서 이 노래는 모세 당시 사람들을 위한 것임과 동시에 그들의 자식들을 위한 것이었다. 그것은 이루어질 사건의 예언이었으며, 아프고 슬플 때에 이 노래를 기억하여 다시 하나님의 긍휼과 인애를 붙들라는 희망이기도 했다.

하나님은 내게 일용할 양식을 말씀하신다. 오늘 내게 일용할 양식을 주시며 살게 하시는 하나님이 내일도 나를 먹이신다는 걸 확신할 수 있는지 물으신다. 신실하신 하나님을 믿지 않으면 나는 매일 손에 잡히는 우상에게 무릎 꿇게 된다.

나를 중심으로 세상을 이해하면 감사하거나 기쁜 시간이 많지 않다. 내 주변에 비교 대상이 늘 존재하고, 세상도, 인생도 불평할 것투성이기 때문이다. 그런데 하나님을 중심으로 이해하게 되면 모든 결과에 감사할 수밖에 없다.

'사후 과잉 확신 편향'hindsight bias 혹은 '사후 확신 편향'이라는 심리학적 표현이 있다. 당시에는 불확실하고 두려운 것 투성이지만 시간이 지나서 돌아보면 마치 모든 것을 알고 있었던 것처럼 말하고 행동하는 것을 말한다.

시간이 지나면 "그럴 줄 알았어"라고 쉽게 이야기하지만, 실제로 그 당시에는 아무도 답을 알 수 없다. 답을 보고 답을 말하기는 쉽지만 당장 내일 있을 일도 모르는 게 인생이다.

지나간 시간은 '주님의 은혜'라고 말할 수 있지만 당장 내일은 주님께 맡기기 두려워서 내가 책임지려 하는 게 우리 인생이고, 어리석음이다. 이런 뒤죽박죽인 인생에 주님은 작은 빛들을 비추셨다. 그 빛은 너무 작았지만 주님이 비추셨기에 작지 않았다.

나는 주님이 비추시는 빛을 잡으려고 "주님, 주님" 하며 그분을 불렀다. 작은 일에 충성하는 자에게 하나님은 당신의 약속으로 갚으신다고 믿었기 때문이다. 그러고 보면 내게는 많은 것들이 이런 식이었다.

내 사진과 글로 캘린더를 만든 지 벌써 10년이 훨씬 넘었다. 이 프로젝트의 시작점은 이러했다. 어느 날 뇌성마비로 몸이 불편했던 재완 형의 소원을 듣게 되었다. 하덕규 형님이 자신의 시로 노래를 불러주는 것이었다.

하덕규 형님이 동의해주셔서 우현 형의 진두지휘 아래 재완 형의 시를 가사로, 하덕규, 김도현의 노래를 담은 앨범을 제작하기로 했다. 그 비용을 마련하기 위해 내 사진으로 캘린더를 만들게 되었다.

버드나무 친구들과 함께 추운 겨울에 길거리에서 노래도 부르며 길 가는 사람에게 캘린더를 팔았다. 겨울은 길었고 남은 재고는 많았다. 나는 매일 가방에 캘린더를 가득 담아서 거리에 나가 팔았다.

보다 효과적으로 판매해보려고 캘린더를 들고 지하철에 들어가기도 했다. 냉랭하게 쳐다보던 사람들 앞에서 혼자 민망해져서 옆 칸으로 옮겨 가기도 했다. 그렇게 겨울 내내 캘린더를 팔았다. 종일 추운 바람을 맞아, 얼굴이 팅팅 부어 돌아오곤 했다.

하지만 이 모든 시간은 아름답고 의미 있는 일에 대한 대가였다. 결국 캘린더를 다 팔았고, 여러 사람들의 도움으로 앨범도 제작하게 되었다.

다음 해에 나는 그 시간들을 돌아보았다. 사람들은 의미 있는 일을 이야기하지만 움직이지 않는다. 하지만 그해 겨울, 하나님이 가능하게 하시는 것을 보았기에 나는 매년 캘린더를 만들고 있다. 그리고 주님은 도움이 필요한 많은 곳을 보게 하셨다. 물이 높은 곳에서 낮은 곳으로 흐르는 것을 균형과 생명력이라 부를 수 있다면, 이 캘린더를 도구로 낮은 곳에 생명력과 풍요로움이 흐르기를 기도했다. 어느 해엔가는 이 일을 통해 독거노인들이 머물 방을 마련했고, 몇 년 전에는 인도 슬럼가의 성도들을 돕는 데 필요한 차량을 구입할 수 있었다.

수익금은 네팔과 아프리카의 크고 작은 선교와 구제 사역비뿐 아니라, 막막하기만 했던 내 등록금과 생활비를 보태는 데도 도움이 되었다. 이 일을 해나가며 하나님은 동역자를 붙여주시기도 했다.

어느 날 저녁에 기도하는데, 내 사진과 글로 엽서를 만들라는 마음이 들었다. 그 마음을 순종하기에는 혼자서 무엇을 어떻게 해야 할지 너무 막연했다. 다음 날 기도회에 나가서 기도하고 자리에서 일어서는데, 누군가 내게 인사하며 이렇게 말해주었다.

"혹시 엽서 만들 일이 있다면 내가 도와줄게요."

이런 우연치 않은 만남을 통해 그 이후로 10여 년간 함께 기도하며 작업하는 귀한 동역자가 생겼다. 캘린더를 판매하고 난 결과물만이 아니라 과정에서도 주님은 해마다 새로운 가치를 부여해주셨다.

하나님은 내게 '사진을 찍고 글을 쓸 때 기도하라'라고 말씀하셨기에, 캘린더를 만들며 글과 사진에 기도를 담으려 애썼다. 무엇보다 시간의 주인이신 하나님을 묵상했다. 캘린더는 한 사람의 책상에 놓여서 12개월을 함께하니 얼마나 가치 있는 것인가?

'거룩하다'라는 단어를 성경에서 가장 처음 적용한 것은 창세기의 시간이었다. 나는 한 해의 시간을 기도로 선물한다는 마음을 담았다. 매년 기도하며 사진을 찍고, 같은 마음으로 글을 쓰고 디자인하여 캘린더를 만들었다.

해마다 일반적인 탁상 캘린더가 아닌, 전에 없던 창조적인 형태를 고민하며 제작해왔다. 브살렐과 오홀리압이 그랬을 것처럼 종이를 직접 조립해서 만들기도 하고, 나무를 재단해서 만들기도 했다. 몇 년 전에는 자작나무를 벌목해서 나무껍질 그대로를 살린 형태의 캘린더를 만들기도 했다.

이렇게 특별하게 만든 캘린더는 항상 한 부도 남김없이 사람들에게 나누어졌다. 여러 사람들에게 사업 제의를 받았지만 몇 년째 거절하는 이유는 한 가지다. 아직 내 마음을 지킬 자신이 없기 때문이다.

막상 일을 벌이면 내가 그동안 꿈꾸어왔던 주님의 걸음을 걷지 못할까 봐. 모두에게 각자의 걸음을 걷게 하시는 것처럼 내게도 주님이 가게 하시는 걸음이 있다고 믿는다.

11장

연약함을 통해
일하신다

어느 것도
내 커다란 재능이나 능력으로 시작한 일이 없었다.
내 연약함을 주님께 올려드리면
대신 그 연약함을 통해 일하시는 주님을 보게 되었다.

은혜 받았다는 감정보다
중요한 것

나는 말로 생각을 잘 표현하지 못한다. 그런데 시간이 흘러 청소년, 청년, 부모, 부부, 육아, 사진, NGO 등 다양한 분야의 강의를 하게 되었고, 심지어 방송 진행을 맡기도 했다.

며칠간 촬영팀과 함께 준비한 대사를 암기한 다음, 카메라를 보고 말했다. 하지만 여전히 적응이 잘 되지 않았고, 마음의 안정을 찾기 힘들었다.

'아빠, 나 이제 안 할래요. 정말로 자신이 없네요.'

그러던 어느 날 〈킹스 스피치〉라는 영화를 보았다. 엘리자

베스 2세의 아버지 조지 6세가 주인공이었다. 그는 다재다능한 형 에드워드 8세에 비해 소심했고, 가정적이었으며 사람들 앞에 나서는 것을 좋아하지 않았다.

하지만 형이 갑작스럽게 이혼녀와 결혼을 결심하고 왕위를 포기하면서 그가 영국의 왕이 되었다. 아버지 조지 5세가 영화 중에 그에게 한 말처럼, 라디오라는 기계 때문에 왕은 배우가 되어야 했다. 그런데 국민들에게 연설을 하며 왕의 존재를 드러내야 하는 조지 6세에게 결정적인 장애가 있었다.

그는 엄한 아버지로 인해 어릴 적부터 말을 더듬었다. 실제로 연설 때마다 말을 더듬어 망신을 당했다. 그래서 국민들도 그를 달가워하지 않았다.

영화는 2차 세계대전을 목전에 둔 한 나라의 너무나 연약한 왕이 신실한 친구인 라이오넬 로그를 만나면서 장애를 극복하는 모습을 다루었다. 영화의 마지막 장면은 조지 6세가 독일과의 전쟁을 앞두고 두려워하는 국민들을 향해 말을 더듬지 않고 위엄 있게 연설을 하고, 국민들은 그에게 환호하며 전쟁의 승리를 다짐하는 모습이 감동적으로 그려진다.

그의 모습이 나와 닮은 구석이 많아서 영화를 보는 내내 감정을 가득 담은 채 응원했다. 나도 말을 잘 못해서 이런 소리를 자주 들었다.

"네가 하려던 이야기가 뭐야?"

"그래서 도대체 뭘 말하려는 거야?"

나는 주눅이 들수록 말을 잃었다. 그래서 말로 하지 못하는 이야기들을 사진이나 글로 표현하려 했는지도 모른다. 언젠가는 언어장애라는 별명까지 얻었고, 버드나무의 어느 연말 콘서트에서는 짧은 내 소개를 못해 마이크를 잡고 가만히 서 있기도 했다. 결국 아무 말도 하지 못한 채 마이크를 넘겨주었다.

내가 다시 말하게 된 계기는 네팔로 향하는 비행기에서 하나님과 나눈 대화 때문이었다.

'네 자랑이나 의가 될까 봐 말하지 않아서 내가 너와 보낸 시간들이 감추어진단다.'

그때 나는 하나님께 기도했다.

'제 기질이나 체질과 달라도 하나님이 기뻐하신다면 그것을 말할게요.'

그렇게 기도하고 난 뒤 네팔의 카트만두 공항에서 청년들이 주축이 된 한 선교팀을 만났다. 담당 목사님이 나를 알아보고는 며칠 뒤에 선교팀에게 메시지를 전해달라고 부탁했다. 다른 때 같았으면 거절했겠지만 나는 그러겠다고 대답했다.

그 메시지를 준비하며 네팔에서 이동하는 내내 내 인생에서 하나님이 어떻게 일하셨는지를 생각했다. 그러다 미처 생각하지 못했던 시간들, 위기와 갈등, 아픔과 기쁨을 주님의 인도하심이라는 프레임으로 다시 해석하고 이해하게 되었다.

역사가 그런 것처럼 어떤 프레임을 가지고 상황을 바라보느냐에 따라 모든 상황이 재해석된다. 마찬가지로 지난 시간들을 주님의 은혜, 주님의 주권과 같은 믿음의 프레임으로 바라보기 시작하자 전에 알지 못했던 은혜를 누릴 수 있었다.

내가 어릴 적 다녔던 교회는 보수적인 교단에 속했으며, 철야로 기도가 이어질 만큼 뜨거웠다. 더군다나 수련회 시즌이면 청소년들도 밤마다 뜨거운 기도를 올려드렸다. 그렇게 모든 이가 은혜 받고 있을 때 나 혼자만 기도에 몰입하지 못하는 것 같았다.

그런데 나중에야 '은혜 받았다'라는 감정으로 집에 돌아가는 것보다 중요한 것이 '내 마음의 방향이 어디를 향해 있는가'임을 알았다.

만일 내 마음의 방향이 주님을 향해 있다면 '내가 감정적으로 충만함을 경험하였는가'는 부차적인 문제였다. 내가 느낀 감정으로 주님이 나를 사랑하는지, 그렇지 않은지를 평가하는 건 순전히 내 연약한 수준일 뿐이었다.

네팔에서 이동하는 내내 내 눈가에 눈물이 마르지 않았다.

'늘 내 곁에 있었던 주님의 사랑을 이제야 이해하게 되다니!'

그럼에도 불구하고 말에 자신 없던 사람이 갑자기 달변가가 될 리는 없었다. 나는 여전히 말이 많지 않았다.

나만 알고 있는 언어는
겸손하지 못한 언어이다

그러다가 일본 나가노에 있는 성도를 도울 일이 생겼다. 〈주
님 마음 내게 주소서〉라는 찬양을 부르고 있는데 이런 생각이
들었다.

'주님은 당신의 마음을 이미 여러 번 주셨는데 내가 반응하
지 않는다면 주님의 입장에서는 얼마나 당황스러우실까? 그
렇다면 주님 마음에 우선 반응한 후에 이 찬양을 불러야겠다.'

당시에 나는 말 그대로 주님의 일용할 양식을 먹고 살았기
에 여유자금이 없었다. 그래서 일본에 보낼 상당한 비용을 만
들기 위해서 주변의 아는 목사님에게 나를 강단에 세워달라
고 부탁했다. 사람들에게 메시지를 전하고 내가 만든 책과 작
품을 팔아서 돈을 모을 생각이었다.

나를 아는 사람이라면 깜짝 놀랄 선택이었다. 나는 내가 낸
책이 출간되어도 말하지 않는 편이었다. '사람들이 내 책을
안 읽는다고 얼마나 큰 손해가 있을까' 하는 생각 때문이었다.
그런데 자진해서 강단에 서고, 내가 가진 것들을 판매했다. 그
렇게 모은 돈으로 나가노의 필요한 영혼에게 후원했다. 스스
로 강단에 서고, 사람들과 이야기하는 시간을 통해 하나님은
나를 훈련시키셨다.

'아버지, 당신이 원하시면 무엇이든 할게요. 제 체질이 아니어도 주님이 원하시면 그곳에 서 있을게요. 서툴지만 다시 할게요. 아버지가 원하시면 할게요.'

내가 말을 잘하지 못하는 이유는, 머릿속에 떠오르는 단어들을 막무가내로 배치하기 때문이었다. 그래서는 상대에게 제대로 전달할 수 없었다. 나는 이런 방식을 고치지 않은 채 진심을 담았다고 위안했다. 단지 상대가 알아듣지 못했을 뿐이라고 생각했다.

하지만 하나님은 이런 내 방식이 겸손하지 못하다고 말씀하셨다. 예수님이 성육신하셨을 때 가장 낮고 낮은 곳에 오셔서 우리의 시선에 맞추어 말씀하신 사실을 기억나게 하셨다. 상대의 눈높이가 아니라 내가 좋은 방식대로 글을 쓰고 말해 왔다는 사실을 깨닫고 얼마나 회개했는지 모른다.

그때부터 내가 쓴 글을 프린트한 다음, 빨간 펜으로 고쳐나갔다.

'이건 겸손하지 못한 문장이야. 이 단어는 겸손하지 못해.'

상대의 눈높이가 아닌 문장과 단어를 고쳤다. 마찬가지로 말도 동일하게 바꾸어나갔다. 강의를 가면 청중 가운데 가장 이해하기 어려울 것 같은 연령대에 맞춰 단어를 조합하고 문장을 가능한 짧게 끊어서 말했다. 종교적인 언어는 가능하면 일상 언어와 비유로 풀어서 설명했다. 강의를 다 마치면 가장 나이가 어린 사람에게 물어봤다.

"내 말을 다 이해했니?"

예수님을 믿지 않는 사람이 내 이야기를 들어도 최대한 알아들을 수 있는 문장을 말하려고 애썼다. 그것이 하나님이 내게 말씀하신 겸손의 한 부분이라 믿었다.

어느 교회 청소년 수련회에서 예수님의 보혈의 능력과 예수님의 이름의 권세에 대해 강의했다. 강의를 마친 후, 교사가 내게 다가와서 고맙다며 인사했다. 그동안 종교적인 언어의 배열을 수도 없이 들었지만 그 단어가 무엇을 지칭하는지 모호했었다고.

모태신앙으로 오랫동안 들어왔던 이야기를 자신도 제자들에게 말하곤 했는데, 이번 강의는 자신이 이해할 수 있는 말로 설명되어서 너무 좋았다고 했다.

어떤 단어와 문장을 만날 때 연상되는 조형이나 모양이 있다. 예를 들면 '사과'를 말하면 과일인 사과가 연상되고, '카메라'를 말하면 카메라 기계가 연상된다. 그런데 말과 이런 실제에는 어떤 공통점도 없다.

이 둘 사이의 관계는 필연적인 요소가 아니라 우연의 반복을 통해 만들어졌기 때문이다. 예를 들어 '카메라'라는 단어와 카메라 기계는 아무 연관이 없다. 다만 카메라 기계를 보면서 카메라라고 계속 말했기에 연관성이 만들어진 것이다.

이를 확대하면 종교적인 언어로 연상되는 이미지 또한 예수님을 믿지 않거나 관련된 체험이나 종교적인 경험이 없다면 전혀 이해할 수 없는 관념어의 나열이 될 것이다. 나만 알고 있는 언어는 겸손하지 못한 언어이다.

흔히 복음을 전해야 한다고 말하지만, 복음은 제한되고 한정된 종교적 언어를 열거하는 것처럼 협소하지 않을 것이다. 복음의 내용은 변하면 안 되지만 복음을 듣는 사람에게 필요한 언어와 방식은 고민해야 한다고 생각한다.

나는 과정이 곧 주님이 기뻐하시는 것이라 믿고 하루의 시간을 반복적으로 살아냈다. 실제적인 사역이나 작업을 해나가는 동시에 눈에 보이지 않는 시간을 매일 쌓아갔다. 그중에 하나가 매일의 삶을 기록하는 것이었다.

이 작업은 우연히 시작되었다. 내 생일에 하나님께 하염없이 물으며 기도했다. 무엇을 해야 하는지 물었던 것 같다. 그때부터 삶을 기록하고 부분적으로 나누었다. 주님이 내어주신 숙제 같은 선물이었다.

정말 작아 보이고, 많은 사람들이 간과할 수 있는 일을 벌써 15년이 넘도록 하고 있다. 그 사이에 결혼했고, 두 아이의 아빠가 되었다. 하지만 여전히 하루를 기록한다.

순종으로 이 시간을 기록해왔는데 그 과정이 쌓여서 작가가 되었다. 한번도 작가가 되어야겠다고 생각한 적이 없다. 다만 겸손한 언어를 쓰기 위해 노력했고, 하루하루를 기록하기를 힘썼고, 하나님이 말씀하신 씨앗을 심고 기르다 보니 지금이 되었다.

내가 할 수 있는 한 가지를
하는 것이 시작이다

세계인도주의의 날 토크콘서트에서 첫 번째 연사로 사람들을 어떻게 도와야 하는지 강연한 적이 있다. 과연 내가 그런 자리에 설 사람인지 확신이 서지 않았다. 그 자리에서 내가 한 말을 기억한다.

"우리가 모든 것을 다 하려고 들면 아무것도 할 수 없습니다. 내가 무엇을 한다고 해서 세상이 바뀌지도 않습니다. 하지만 내가 할 수 있는 한 가지를 하는 것이 중요합니다. 누군가를 도우려 할 때 그 사람의 인생을 책임지려 한다면 그 일을 할 사람은 많지 않습니다. 다만 그 사람에게 내가 할 수 있는 한 가지를 하는 것, 그것이면 충분하다고 믿습니다."

나는 이 말이 '누군가를 돕는 일'이라는 주제어 대신 다른 주제어로 바꾸어도 유의미한 문장이 된다고 생각한다. '주님 앞에 반응하려면', '과연 내가 할 수 있는 일이란?' 등의 주제어로 대체해도 마찬가지다.

"내가 할 수 있는 한 가지를 하는 것이 시작이다."

왜냐하면 하나님이 내게 그렇게 일하셨기 때문이다. 내가 닿지 못하는 크고 대단한 주제를 나는 다 풀지 못한다. 나를 향한 아버지의 뜻을 미리 알고 있다고 해도 말이다. 다만 오늘 내게 말씀하시는 주님의 음성에 순종하는 것이 모든 일의 시작이다.

나는 더위를 유난히 많이 타는 편인데, 한참 동안 더운 나라를 걷게 되었다. 갑상선 기능이 좋지 않아서 피로를 빨리 느끼고 땀이 비 오듯 쏟아지지만 땅을 밟으며 걷는 이유가 있다.

내가 사진을 찍는 이유는 무엇일까? 오랫동안 질문하고 고민한 주제였다. 내가 찍은 사진들은 누군가에게 도움이 되고, 예술성은 하나님의 형상으로 지음 받은 우리에게 하나님의 창조성이 투영된 결과이기도 하다.

그밖에 수많은 답변이 있지만 내 몸과 마음을 잡아 끌 만큼 강력한 답을 찾지는 못했다. 그런데 주님은 아주 단순한 답을 주셨다. 그저 사진을 찍으며, 길을 걸으며 기도하라고 말씀하셨다.

내 질문에 비켜선 것 같은 주님의 답은 나를 새로운 길로 이끌었다. 뉴욕의 거리를, 일본의 골목을 종일 걸으며 기도했고, 아프리카에 우물을 만들고, 글을 쓰고 사진을 찍고 그림을 그렸다.

나는 견디기 힘든 뜨거운 햇살 아래 종일 걸으며 기도했다. 사진을 찍으며 기도했고, 아이들의 머리에 손을 댈 때마다 기도했다. 개구쟁이 꼬마 아이들이 구정물을 튀기며 물에 뛰어드는 모습을 바라보면서도 기도했다.

오늘 내가 살아가는 이유가 궁금할 때, 이 일을 하는 이유가 궁금할 때, 아무것도 하지 않을 때, 또는 너무 많은 일을 할 때, 기쁠 때, 아플 때, 절망하여 눈물을 쏟을 때 주님께 묻는다.

내게 필요한 답은 논리적으로 그럴듯한 답이나 보다 정돈되고 합리적인 답이 아니다. 기도를 통해 주님을 만나 그분의 마음이 부어지면 우리는 본능적으로 정답이나 방향을 알게 된다. 우리를 지으신 분이 우리를 살게 하시기 때문이다.

하지만 믿음으로 살아가는 게 두려운 이유는 눈에 보이지 않기 때문이다. 불확실성 가운데 한 발을 내딛는 것은 얼마나 모호한가? 나를 믿는다면 그렇게 하지 않아야 하지만, 주님을 믿기에 내딛을 수 있다. 그런데 한 발 내딛고 바로 결과가 있으면 좋겠지만, 결과는 보이지 않을 뿐더러 더욱 불확실성 가운데 들어간다.

그래서 이내 발을 빼거나 멈춰 서거나, 다시 한번 믿음으로 걷는다. 그러다 알게 된다. 투자 대비 성과로 측정하다 보면 내가 예상했던 답이 나오지 않는다. 소모적인 경비 운용이라는 생각에 빨리 원금을 회수하는 게 낫겠다는 생각이 든다.

사람들은 한번에 명확하게 가야 할 길을 찾는 것이 가장 좋은 수이며 인생을 허비하지 않는 거라고 믿고 가르친다. 하지만 인생은 그런 식으로 쉽게 답이 찾아지지 않으며, 하나님은 우리를 그렇게 인도하시지도 않는다.

하나님께서는 다윗을 향한 명확한 뜻과 계획이 있었다. 그래서 그가 목동일 때 이미 선지자를 통해 기름부으셨지만 다윗은 허비된 시간처럼 보이는 광야의 시간을 보내야만 했다. 주님의 이끄심에 순종해서 그일라 사람들을 구했지만 그들은 다윗을 배신했고, 여러 전쟁에서 승리했지만 그로 인해 사울의 질투를 얻었다.

끊임없는 광야는 하나님을 의지하게끔 만든다. 반대로 왕궁에 들어간 다윗은 저도 모르는 사이 조금씩 변질되었다. 하지만 아들 압살롬에게 쫓겨서 다시 광야에 나왔을 때, 영성을 되찾게 되었다.

그는 물이 없어 마르고 황폐한 땅에서 한 가지를 구했는데, 그건 놀랍게도 하나님의 '인자'였다(시 63:3). 왕좌를 다시 구한 것도 아니고, 자신의 모든 처지의 회복이나 생명보다 주님의 인자를 구했다.

성경에서 자주 나오는 '인자'라는 말은 히브리어 "헤세드"를 번역한 말로, 아무런 조건 없이 인간을 사랑하시고 은혜를 베풀어주시는 하나님의 자비로우심, 끊임없고 연속적인 그분의 사랑을 가리킨다. 다윗은 황망한 피난길 위의 광야에서 고백한다.

주의 인자하심이 생명보다 나으므로
내 입술이 주를 찬양할 것이라
이러므로 나의 평생에 주를 송축하며
주의 이름으로 말미암아 나의 손을 들리이다

시 63:3,4

다윗은 사무엘에게 기름부음 받던 짜릿한 순간이나 그가 통일 이스라엘의 왕이 되어 궁정에 머물던 영화로운 나날뿐 아니라, 아들과 사랑하는 신하들에게 배신당했을 때조차 그의 손을 들어 주를 송축했다.

인생에 바람이 불고 거친 길을 걷게 되면 비로소 신앙의 경중이 갈린다. 하나님의 손안에서 흔들림을 당해보면 하나님을 향한 진정성을 알게 된다.

'광야'는 히브리어로 "미드바르"다. "미"는 from이란 뜻을 가졌고, '말씀'을 뜻하는 히브리어 "다바르"에서 이 단어가 나왔다. 이는 광야가 바로 '하나님이 말씀하시는 곳'을 의미하기 때문이다. 곧 하나님의 사랑이 담긴 시간과도 같다.

하나님은 모세를 통해 이루실 놀라운 그림을 그리고 계셨지만, 그에게는 광야의 시간이 필요했다. 하나님께 성냥이나 부싯돌이 없어서, 다시 말하면 능력이 없어서 오랜 시간 가시떨기에 불을 붙이지 못하신 게 아니다.

계속되는
실패

우리는 인생에 허비되는 시간을 제로로 만들고 싶어 하지만, 어쩔 수 없는 그 시간이 필요하다. 이유를 알 수 없는 시간 속에서 나는 믿음으로 오늘에 반응하며 아버지의 마음을 구할 뿐이다.

누구나 별 탈 없이 승승장구하는 삶을 바란다. 내 인생뿐 아니라 자녀들의 인생도 별일 없기를 바란다. 믿음만 있으면 넘어지지 않을 수 있을까? 하지만 인간은 그 수준에 미치지 못한다. 믿음의 사람 아브라함은 불신에 빠졌으며, 용감했던 엘리야는 용기를 잃었다.

바울조차 자만할 가능성을 가지고 있다고 주님은 말씀하신
다(고후 12:7). 그렇다면 내가 마주치는 광야는 주님의 능력이
내게 머무는 시간일 뿐 아니라, 그 연약함을 통해 끊임없이 주
님을 바라보게 만드는 신비이기도 하다.

> 하나님이여 내게 은혜를 베푸소서
>
> 내게 은혜를 베푸소서
>
> 내 영혼이 주께로 피하되 주의 날개 그늘 아래에서
>
> 이 재앙들이 지나기까지 피하리이다
>
> 시 57:1

다윗의 인생, 그의 시편들을 다시 들여다본다. 모든 불행과
어려움이 주님의 은혜라고 말할 수는 없지만, 그럼에도 오늘
내가 드릴 기도는 '주님의 날개 그늘 아래에서 주님의 얼굴을
바라보는 것'이다. 그 시간이 아니었으면 나는 그토록 기도하
지 않았을지 모른다. 그러니 내 연약함을 통해 주님은 구원을
견인해 나가고 계신다.

그렇다면 믿음의 걸음은 다른 말로 사랑에 관한 이야기이
다. 내 인생의 값어치가 어디서 어떻게 시작되느냐의 문제이
다. 나는 어디에서 시작되었으며 어떤 존재였는가?

믿음의 선배를 만나보아도 '그걸 이제 알겠구나' 싶은 사

람은 없다. 왜냐하면 늘 새로운 걸음이기 때문이다. 그들 또한 두렵다. 하지만 두려움을 기대하며 걷는 이유는, 마찬가지로 사랑과 관계 있기 때문이다.

주님은 내가 전혀 발을 딛딛지 못하는 길로 인도하시지 않는다. 그저 머뭇거릴 정도의 내 믿음의 분량만큼 인도하신다. 그래서 나를 향한 주님의 뜻과 계획을 미리 다 말씀하신다면 우리는 감히 따라 걷지 못할 것이다. 어쩌면 우리는 항변할지도 모른다.

'이게 나를 향한 사랑인가요? 이게 과연 선하신 주님이 하신 일이라고요?'

나는 알지 못한다. 그래서 누군가에게 말하는 것이 조심스럽다. 내게 적용해보고, 걸어가 보고, 낙심도 해보고, 그러다가 우리 아이들에게는 그렇게 걸어보라고 말해볼 참이다. 실패해도 괜찮다고, 그 일조차도 너희들에게 꼭 필요한 시간이라고 말해줄 참이다. 오래 참으시는 주님이 우리의 시행착오 하나 못 참으실까?

"그런즉 우리가 무슨 말을 하리요 은혜를 더하게 하려고 죄에 거하겠느냐 그럴 수 없느니라"(롬 6:1,2).

바울의 고백이 무색할 만큼 나는 이 과정을 반복하고 반복했다. 그래서 은혜가 무엇인지 내 부끄러운 삶을 통해 알게 되었다. 다시 부끄러운 얼굴을 들어 주님을 바라보고 오답투성이 인생을 주님께 묻는다.

시글락에 거하던 다윗의 삶에서도 주님은 당신의 은혜를 거두지 않으셨다. 그래서 나는 누군가를 판단하지 못하고 그저 부끄러운 내 삶을 비추시는 주님의 빛을 바라보려 한다.

어쩌면 젊은 날의 시기는 실패의 연속일 수 있다. 사울은 아버지 기스의 잃어버린 암나귀를 찾기 위해 에브라임 산지와 살리사 땅으로, 사알림 땅에서 베냐민 사람의 땅까지 두루 다녀 보았지만 찾지 못했다(삼상 9:3,4). 계속된 실패 속에 본인은 알지 못한 채 기름부음에 다가가고 있었다. 결국 사무엘은 잃어버린 암나귀를 찾아 나선 사울을 이스라엘의 왕으로 기름붓는다.

하나님나라에는
쓰레기통이 없다

어린 시절에 부모님은 일하느라 많이 바쁘셨다. 그래서 집에는 늘 형과 나, 둘뿐이었다. 장난기 가득했던 나와는 달리, 형은 늘 진지했고 무엇이든 열심이었다. 하지만 최선을 다했던 결과는 비참했다. 학력고사 1번, 수능시험 3번을 포함해서 크고 작은 시험에 무려 23번이나 떨어졌다.

형은 고등학교 1학년이었던 17세에 하나님을 만나면서 비전을 고민했고 음악을 공부하기로 마음먹었다. 하지만 건강 때문에 원하는 대학에 가지 못해서 휴학했다. 형은 자퇴서를 내고 군악대에 지원해서 음악을 공부했고, 군대에서 휴가까지 내서 레슨을 받으며 수능시험을 치렀다.

가까이서 보기에 안타까울 만큼 필사적이고 치열한 싸움이었다. 제대하기 전에 또 시험을 보고 하나님의 뜻을 물으며 DTS를 받기도 했다. 하나님을 사랑했고, 하나님의 뜻대로 인생을 경영하고자 했지만 그분의 뜻이 무엇인지 알아간다는 것은 쉽지 않았다. 걸어가는 길에 대한 확신도 없고 혼란과 회의 속에서 도와줄 사람도, 적절한 멘토도 없었다.

형은 한참만에야 자신을 향한 하나님의 뜻을 깨닫고 한동대학교에서 다시 신대원으로 진학했다. 그리고 굽이굽이 돌아가는 자신의 시간을 보며 하나님께 묻지 않을 수 없었다.

'왜 그때 내버려두셨습니까? 제가 물었을 때 왜 명확하게 말씀해주지 않으셨나요?'

남들보다 많은 좌절을 경험하면서 혼란스러운 시간을 보냈기 때문이다. 형이 청년사역을 처음 시작한 곳은 노량진이었다. 노량진에 가서야 그 답을 알았다. 한 치 앞을 모르는 청년들이 머무는 곳, 재수생은 물론이고 장수생으로 가득한 그곳에서 청년들의 마음을 가장 잘 아는 사람이 바로 형이었다.

형은 청년사역의 특성상 무리를 해서 입원도 하고, 머리에 오백 원짜리 동전만 한 원형탈모가 생기기도 했지만 형이 만난 청년들의 변화는 놀라울 만큼 아름다웠다.

형은 32세에 결혼식 주례를 섰다. 너무 어린 나이에 주례를 서는 것 아니냐고 내가 놀려대긴 했지만, 형이 목사 안수를 받을 때까지 결혼식 날짜를 늦추며 기다릴 만큼 형은 그들에게 소중한 사람이 되었다.

형이 실패 가운데 만났던 고민은 비단 노량진에 있는 이들만이 아니라 모든 이들의 고민인 것을 시간이 지난 후에야 알게 되었다. 나름대로 진지하게 주님의 뜻을 구했지만 적절한 가이드를 해주는 사람 한 명 없던 시간, 자신이 너무나 작고 작다고만 여겨졌던 시간들을 주님의 시간 속에서 다시 이해할 수 있었다.

하나님나라는 무엇과 같을까?

예수께서 이르시되
하나님의 나라가 무엇과 같을까 내가 무엇으로 비교할까
마치 사람이 자기 채소밭에 갖다 심은 겨자씨 한 알 같으니
자라 나무가 되어 공중의 새들이 그 가지에 깃들였느니라

눅 13:18,19

우리는 소모적인 시간, 돌아가는 시간을 두고 인생을 허비한다고 여기지만 하나님나라에는 쓰레기통이 없다.

애굽의 노예로 살던 이스라엘을 구원하시기 위해 하나님은 모세를 소명하신다. 하지만 애굽의 왕자였던 40년 전과 달리 평범한 목동의 삶을 살고 있던 그에게 이 과업은 너무 두려웠다.

모세는 과연 자신이 이스라엘을 이끌 지도자의 자격이 있을까 의심했다. 그것은 자신의 현실을 제대로 직시한 것이며, 틀리지 않았다. 두려워 거절하는 모세에게 하나님은 세 가지 사인을 보여주신다.

모세의 손에 들려있던 지팡이는 무서운 독사가 되었고, 또 그 독사는 다시 지팡이가 되었다. 죽을까 두려웠지만 여전히 살아있었던 모세의 손은 나병이 생겨 진짜 죽을 몸이 되었고, 또다시 살아나기도 했다. 사람을 지으시고 살게 하시는 분, 만물을 만드신 분의 말씀을 따라 막대기가 두려움의 대상이 되기도 한다. 두려움과 죽음보다 더 크신 분이 하나님이시다.

몸을 죽이고 그 후에는 능히 더 못하는 자들을
두려워하지 말라
마땅히 두려워할 자를 내가 너희에게 보이리니

253

곧 죽인 후에 또한 지옥에 던져 넣는 권세 있는

그를 두려워하라

내가 참으로 너희에게 이르노니

그를 두려워하라

눅 12:4,5

예수님은 두려워하지 말아야 할 것과 진정 두려워해야 할 것을 구분하셨다. 주님은 우리가 늘 두려워하는 대상을 두려워하지 말라고 말씀하셨다. 그리고 정말 두려워해야 할 대상이 누구신지를 알려주셨다.

여기서 반복되는 '두려움'(헬, 포보스)이란 단어는 성경에서 '경외함'으로도 쓰이고 있다. 곧 "하나님을 두려워하라"는 말은 "하나님을 경외하라"는 말로 바꾸어 쓸 수 있다.

그런즉 사랑하는 자들아 이 약속을 가진 우리는

하나님을 두려워하는 가운데서 거룩함을 온전히 이루어

육과 영의 온갖 더러운 것에서 자신을 깨끗하게 하자

고후 7:1

이스라엘이 두려워 떨던 애굽 사람들은 나일강을 자신들의 생명의 신적 근원으로 여겼다. 그런 강이 한순간에 피로 변해 죽음의 강으로 바뀌었다. 이스라엘과 애굽이 정말로 두려워해야 할 분은 막대기나 죽음, 나일강 따위가 아니었다.

내 능력과 자격으로 이 땅을 살아가는 게 아니다. 내가 가진 연약함이나 상대에 대한 비교의식이 두려움의 대상이 되어서도 안 된다. 내가 정말 두려워해야 할 대상은 '하나님'이며 '그분과 온전한 관계를 이루고 있는가'이다. 하나님과 친밀함 가운데 있다면 내 약함은 도리어 하나님의 영광을 드러내게 될 것이다.

20대, 빛이 보이지 않던 시간에 내가 살던 한 평 남짓한 고시원과 학교 사이에 작은 예배당이 있었다. 고시원만 한 그 교회에서 기도했다. 무엇을 해달라거나 무엇을 하겠다는 기도가 아니었다.

'하나님, 이런 나를 사용하실 수 있겠습니까? 그렇다면 사용해보세요.'

나는 오랫동안 기도했다. 내게는 연약함이 너무 많아서 험한 세상을 살아갈 용기가 나지 않았다. 불확실한 내일의 두려움 앞에 내 존재는 지나치게 유약했고, 실제로도 가진 것 하나 없었다.

여전히 답을 알지 못하는 긴 시간을 통과하는 동안 나는 역설적으로 일하시는 주님을 알게 되었다. 바울은 육체의 가시가 떠나가기를 세 번이나 간구했지만 주님은 이렇게 응답하셨다.

'내 능력이 약한 데서 온전하여진단다.'

바울은 똑같은 가시를 두고 정반대의 찬양을 했다(고후 12:7-9).

"이제는 이 연약함을 가지고 자랑하겠다. 왜냐하면 이로써 그리스도의 능력이 내게 머물게 하려 함이라."

내가 얼마나 연약한지 혹은 큰 능력을 가지고 있는지가 중요한 것이 아니라, 내가 그리스도와 어떤 사랑을 하느냐가 중요하다는 것을 알게 되었다.

나는 색약이라 제대로 된 색을 보는 데 일부 제약이 있었다. 제대로 된 색을 볼 수 없기에 제대로 된 그림 또한 그릴 수 없을 거라고 생각했다. 그런데 아프리카에 우물을 만들면서 기적 같은 시간을 경험하며 그림을 그리고 전시회를 하게 되었다.

제대로 된 색을 볼 수 없어서 일반적이지 않은 색들이 내 그림에 가득했다. 사람들의 얼굴에는 생명을 상징하는 초록이 가득 칠해져 있었다. 백인은 밝은 초록으로, 황인은 초록으로, 흑인은 짙은 초록으로.

수인성 질병으로 아파하던 아프리카 차드에 우물 하나만 만들면 좋겠다면서 시작했는데 벌써 마흔 개가 넘는 우물이 만들어졌다. 작은 기도를 주님이 받으셔서 수많은 생명을 살리셨다.

어느 것도 내 재능이나 능력으로 시작한 일이 없다. 내 연약함을 주님께 올려드리면 대신 그 연약함을 통해 일하시는 주님을 보게 되었다. 인도 콜카타로 향했고, 네팔의 강진이 임한 곳에, 필리핀의 쓰레기마을로 하나님은 연약한 나를 부르셨다.

이 사진을 통해 얼마나 많은 사람들이 수혜를 얻고 마을이 기뻐하게 될지, 그들의 웃음을 상상하곤 한다. 하나님을 알수록 더 알게 되었다. 내가 가진 연약함은 하나님의 영광이라는 사실을.

정말 마음의 방향이
주님을 향해 있다면

□

내게 가장 두려운 건 '살아가는 것'이다. 때로는 인생이라는
옷에 흙이나 먼지를 묻히지 않으려 조심조심 걸었다. 주님은
내게 인생이란 그런 게 아니라고 말씀하셨다.

때로는 진흙탕에 넘어지고 온갖 것들이 나를 잡아끌어도
헤치고 넘어가는 게 인생이며, 때로는 쉬운 선택이 있지만
그 길 대신 옷을 깨끗하게 지켜내는 쉽지 않은 걸음을
하라고도 말씀하셨다.

여러 질문과 답변을 생각하며 기도했다. 그리고 나
스스로에게 질문했다.

'나는 과연 답변을 들려줄 만큼 살아가고 있는가?'
매번 어떻게 살아야 할지 모르는 것투성이어서 주님께 묻고
또 물었다.

사람들과 만나 대화를 나누다가 이런 이야기가 나왔다.
"잘못 선택하고 행동한 사람들은 원래 못되어 먹은 사람이
아니다. 그들의 성격이 더러워서도 아니다.
그들이 살아온 방식이 그 사람을 만든 것이다."

그것을 조나단 에드워즈는 '경향성'이라 말했고,
나는 비슷한 의미를 담아서 '마음의 방향'이라 말한다.
지금 내 모습이 어떤 모양이든, 내가 만나는 사람들이 얼마나
미천하든 대단하든 간에 시간을 더해보면 마음의 방향이
향해 가는 곳을 알 수 있기 때문이다.

어느 날 청년들을 섬기기 위해 이동하다가 아버지께 답답한
마음을 토로했다.
'내게는 그들에게 나눌 만한 것이 하나도 없습니다.'
그런데 주님이 이렇게 물으시는 것 같았다.
'하나도 없는 게 아니라 아주 작은 것이라도 가지고 있지
않니? 네가 아무것도 아니라는 그것, 아주 작은 것을 내게

가지고 오면 나는 그것을 가지고 일할 거야.'

아무리 하찮은 것이라도 아주 작은 그것을 주님께 가지고
오면 될 일이었다. 그 이후는 내가 아니라 아버지가
책임지실 일이었다.

아버지가 하시는 일은 아름다웠다. 신실하게 주님의 얼굴을
바라보는 아이들은 단 며칠 사이에 전혀 다른 사람이 된 것
같았다. 예배에 관심도 없던 아이들이 매 순간마다 강대상
앞까지 나아와서 무릎 꿇고 손을 들고 눈물 흘리며 찬양하는
모습을 보며 내 마음이 순간순간 울컥했다.

며칠 사이에 사람이 이렇게 달라질 수 있을까?
주님이 뜻하시면 변하지 않을 문제는 없다. 물론 이런
모습만이 진정한 예배인가를 따져 묻는 것은 별개였다.
진짜 예배는 어떤 모양일지 나도 알지 못하기 때문이다.

일상으로 돌아오면 예배 인도자도, 음향도, 예배의 세팅과
프로그램도 없다. 그래서 며칠간의 뜨거웠던 예배를
그리워하게 될지도 모른다. 하지만 정말 그리워해야 할
대상은 예배의 온기나 메시지, 모양이 아니라 바로 주님

그 자체이다. 그래서 이렇게 말해주었다.

"지금 손을 들고 찬양하지 않아도, 기도드릴 때 눈물 흘리지
않아도 괜찮아. 하나님이 우리를 만나시는 시간은 오늘이
전부가 아니야. 다만 우리 마음의 방향이 어디를 향해
있는지는 매우 중요하단다. 마음의 방향이 주님을 향해
있다면 각자의 형편에 맞게 신실하게 만나주실 거야."

수많은 사람이 이 길 저 길을 말하는 시대, 하지만 정답이신
주님께 길을 물어야 한다. 그분께 기대어야 한다. 그래서
내 마음의 방향을 살핀다. 그 방향이 주님만을 향해 있기를
소원한다.

"주님, 나의 길에 길이 되어주세요."

오늘, 믿음으로 산다는 것

초판 1쇄 발행   2019년 1월 28일
초판 8쇄 발행   2024년 11월 21일

지은이   이요셉

펴낸이   여진구
책임편집   김아진
편집   이영주 박소영 최현수 구주은 안수경 김도연 정아혜
책임디자인   마영애 노지현 조은혜
홍보·외서   진효지
마케팅   김상순 강성민   마케팅지원   최영배 정나영
제작   조영석 허병용   경영지원   김혜경 김경희

303비전성경암송학교 유니게 과정
이슬비전도학교 / 303비전성경암송학교 / 303비전꿈나무장학회

펴낸곳   규장

주소 06770 서울시 서초구 매헌로 16길 20(양재2동) 규장선교센터
전화 02)578-0003   팩스 02)578-7332
이메일 kyujang0691@gmail.com   홈페이지 www.kyujang.com
페이스북 facebook.com/kyujangbook   인스타그램 instagram.com/kyujang_com
카카오스토리 story.kakao.com/kyujangbook
등록일 1978.8.14. 제1-22

ⓒ 저자와의 협약 아래 인지는 생략되었습니다.
이 출판물은 저작권법에 의해 보호를 받는 저작물이므로 무단 전재와 무단 복제를 할 수 없습니다.

책값   뒤표지에 있습니다.
ISBN 978-89-6097-567-5 03230

규 | 장 | 수 | 칙

1. 기도로 기획하고 기도로 제작한다.
2. 오직 그리스도의 성품을 사모하는 독자가 원하고 필요로 하는 책만을 출판한다.
3. 한 활자 한 문장에 온 정성을 쏟는다.
4. 성실과 정확을 생명으로 삼고 일한다.
5. 긍정적이며 적극적인 신앙과 신행일치에의 안내자의 사명을 다한다.
6. 충고와 조언을 항상 감사로 경청한다.
7. 지상목표는 문서선교에 있다.

하나님을 사랑하는 자 곧 그의 뜻대로 부르심을 입은 자들에게는 모든 것이 合力하여 善을 이루느니라(롬 8:28)

규장은 문서를 통해 복음전파와 신앙교육에 주력하는 국제적 출판사들의 협의체인 복음주의출판협회(E.C.P.A:Evangelical Christian Publishers Association)의 출판정신에 동참하는 회원(Associate Member)입니다.